JN412006

투표함에서 태어난 왕

투표함에서 태어난 왕

코믹한 정치의 세계

초판 1쇄 발행 2025년 12월 15일

지은이 박창진
펴낸이 장길수
펴낸곳 지식과감성#
출판등록 제2012-000081호

교정 주경민
디자인 김희영
편집 김희영
검수 정은솔, 정윤솔
마케팅 김윤길

주소 서울시 금천구 벚꽃로298 대륭포스트타워6차 1212호
전화 070-4651-3730~4
팩스 070-4325-7006
이메일 ksbookup@naver.com
홈페이지 www.knsbookup.com

ISBN 979-11-392-2971-4(03810)
값 17,000원

지식과감성#
홈페이지 바로가기

코믹한 정치의 세계

투표함에서 태어난 왕

박창진 지음

지식과감정#

프롤로그

"30%의 전과자 비율을 자랑하는 21대 국회,
그들을 뽑은 건 결국 우리 국민이었다."

나는 바람이다.
광장을 스쳤고, 법정을 지나쳤으며,
의사당 복도를 휘돌아다니며
수많은 이름과 죄목을 들었다.

여기, 무고죄로 시작해
검사 사칭, 음주 운전, 공용물 손괴, 공직선거법 위반,
강도상해, 국가보안법 위반, 불법 집회, 폭력, 사기….
법이 금지한 온갖 죄들이
이름표와 정당 마크 뒤에 숨어 있었다.

그들은 변호사 시절에 죄를 지었고,
운동가라는 이름으로 폭력을 합리화했고,
민주화의 영광 뒤에 인질극과 화염병을 숨겼다.
어떤 이는 국민을 위해서라 했고,
어떤 이는 시대의 탓이라 했다.
그러나 단 한 명도,
그 죄를 부끄러워하며 침묵한 이는 없었다.

그들을 국회로 보낸 건 국민이었다.
누군가는 지역의 명예라 했고,
누군가는 '우리 편'이라 했다.
이제 국회는 법을 만드는 집이 아니라
법을 비껴가는 기술자들의 모임이 되었다.

범죄자가 입법자가 되고,
전과자가 국가의 수장을 맡으며,
같은 범죄가 누가 했느냐에 따라
정의가 되기도, 매국이 되기도 한다.

나는 바람으로서 모든 것을 보았다.
촛불을 든 날과 내려놓은 날,
분노의 함성과 편리한 침묵,
그리고 잊혀진 기록들을.

이 시집은 기억의 정치에 대한 기록이다.
권력을 쥔 자, 침묵한 자, 잊어버린 자—
그 모두를 향한 증언이자,
미래 세대를 향한 경고다.

바람은 증거를 갖고 있다.
그리고 그날이 오면,
나는 모든 기록을 낭독할 것이다.

에올로

목차

투표함에서 태어난 왕

— 코믹한 정치의 세계 —

선거철이 되면 기적이 일어난다.
허리를 90도로 꺾고
“머슴이 되겠다.”라고 다짐한 이들이 당선 후엔
등을 곧추세우고
“백성을 다스릴 운명”이라 말한다.

포스터 속 미소는 해맑고
현수막의 글귀는 시보다 순결하다. “유권무죄, 무권유죄.”
그렇다면 권력을 가진 너는 무죄고 나는, 나는… 뭘까?
봉사하겠다던 자리는 봉사받는 자리가 되고,
국민의 심복을 자처하던 그는 권력의 주인으로 등극한다.
말은 바뀌고,
약속은 기억상실증에 걸린다.

그들은 얼굴색 하나 안 바꾸고 거짓말을 유세처럼 읊는다.
들통이 나도
“그건 그런 뜻이 아니었다.”라고 말하며 기억을 재조립한다.
그러나 더 코믹한 건 우리가 또다시 그들을 뽑는다는 것이다.
민주주의라는 투표함에 독재의 씨앗을 심는 손,
바로 우리 자신이다.

정치는 봉사라 했지만
그건 공약집 맨 끝에 쓰인 조그만 글씨였고
실상은 권력의 전시장, 거기서 도덕은 재고정리 중이다.
과거의 훈장을 가슴에 달고
미래의 그림은 그리지 않는 이들,
그들은 오늘을 팔아
자신만의 세계를 구축한다.

한 명의 유능한 전과자,
도덕성을 담보로 권력을 산 이가 법 위에 군림할 때
우린 깨어 있어야 한다.

왜냐고?
그들이 웃는 얼굴로
우리의 내일을 저당 잡기 때문이다.

정치는 현실을 닮는다지만 현실이 무너졌을 때
그걸 바로 세울 선진은 오직 '정직한 사람'뿐이다.
이제 감성에 속지 말자.
눈물이 아니라 정책을 보자.
우리가 선택한 한 표가 우리 아이들의 내일을 결정짓는다면
시작은 웃기더라도
끝은 울지 않아야 하니까.

지금부터 진짜 대한민국

– 그럼, 어제는 뭐였던 거야? –

"지금부터 진짜 대한민국입니다." 카메라 앞에서 선언한다.
악수도 진짜, 눈물도 진짜, 정권도 진짜라는 듯 말한다.
그 말이 지나간 자리엔 어제가 조용히 무너진다.
그때까지의 희생과 눈물,
산 자와 죽은 자의 시간들은 "가짜였나요?" 하고 묻는다.
그렇다면,
광장에서 촛불을 들었던 그 밤은?
전쟁터에서 흘린 땀과 피는?
세금을 내며 버텨온 노동의 날들은?
다 가짜 나라의 연극이었던 건가?
그대의 '지금'은 너무 늦었고 그대의 '진짜'는 너무 가볍다.
진짜란 선언으로 만들어지지 않는다.
진짜란 기억을 존중할 때 살아난다.

"이제부터 바꾸겠습니다." 그래, 좋다. 바꿔라.
하지만 그 말속에 과거를 조롱하지는 마라.
지금부터 진짜라면
어제까지 살아낸 사람들은 뭐가 되나.

진짜 대한민국이란 지금부터가 아니라, 어제를 껴안고
내일을 고민하는 오늘이어야 한다. 그것이 진짜 '진짜'다.

도덕성의 가격

– 면세점엔 팔지 않지만, 정치판엔 늘 할인 중이다 –

도덕성의 가격은 얼마인가요?
한 표인가요?
한 잔 술값인가요?
공천 한 장이면 족한가요?

고등학생은 커닝하면 퇴학이고 장관은 거짓말해도 임명된다. 운전자는 음주 땐 면허정지이지만
국회의원은 음주 폭행에도 면책특권이다.

그러면 묻고 싶다. 도덕성,
그대의 가격은 대체 얼마였던가?

혹시
선거 공보 속 0.1포인트 지지율인가요? 아니면
"그래도 일은 잘하잖아."라는 한마디?

이력서 한 줄의 '봉사활동'은 당신을 꾸몄지만
지하철 노약자석 앞에서 고개 돌리는 그 순간
당신의 가격은 스스로 결정된다.
도덕성은 원래 가격이 없다. 그러나 사람들은 값을 매긴다.

권력으로, 명예로,
때로는 '묵인'으로.

그리고 그 값을 지불하는 건 우리 모두다.
도덕성이 사라진 자리에 지식이 남아도
그 지식은 국민을 위하지 않는다.
그는 '지배자'가 되고
우리는 '납득당한 피해자'가 된다.

그래서 나는 오늘도 스스로 묻는다.
내 도덕성은 얼마짜리인가?
오늘 나는
얼마짜리 행동을 했는가?

왜냐고요?
룰은 말로 정하고, 말은 그들이 하니까요.

면책특권 사용설명서

– 법 위의 법, 말 위의 침묵 –

먼저,
면책특권은 국회의원의 전유물입니다.
특정 직업군만이 입으로 사람을 베고도
법의 칼날을 피해갈 수 있습니다.

1단계. 말할 것.
소신 발언, 거침없는 폭로, 막말이든 음모든
일단 발언대에 서면 면책의 천이 자동으로 깔립니다.
말의 무게는 사라지고
사실 여부는 뒷전입니다.

2단계. 웃을 것.
문제가 되어도 웃습니다.
"과한 표현이었다." "그럴 의도는 없었다."
그 순간 기자들은 받아 적고,
방송국은 자막을 띄우며 면책은 더 공고해집니다.

3단계. 잊을 것.
대중은 분노하지만 시간이 흐르면
그들은 잊고, 당신은 남습니다.

말 위의 말, 그 위의 침묵.

주의사항. 면책특권은
'의정활동'에만 적용된다고 헌법은 말합니다.
하지만 현실은
의정 외 활동에 더 자주 쓰입니다.

욕설, 명예훼손, 허위 사실 유포,
모두 국회 안에서만 터지면 면책의 보호막이 발동합니다.
참으로 효율적인 설계입니다.

FAQ
Q. 진실은 왜곡돼도 괜찮나요?
A. 네, 국회 안이라면 가능합니다.
Q. 국민이 피해를 입으면요?
A. 다음 선거에서 평가받겠습니다. (단, 후보가 된다면요.)
Q. 양심은요?
A. 해당 기능은 장착되어 있지 않습니다.

자, 이제 당신도 배웠습니다.
입만 열면 책임지지 않아도 되는 특권의 언어,
그 사용법을.

하지만 묻습니다.

국민에게는 왜 면책특권이 없나요?
왜 우리는
말 한마디, 댓글 하나에도 벌벌 떨어야 하나요?
진짜 민주주의라면 특권이 아니라
책임부터 평등해야 하지 않을까요?

정치인의 재판은 왜 오래 걸릴까

— 잊혀질 때까지, 기다리는 기술 —

정치인의 재판은 시간이 필요하다.
정의보다 느리고, 진실보다 멀다.
그들은 말한다.
“성실히 수사에 임하겠습니다.” 그 말은 곧
“천천히, 아주 천천히 갑시다.”라는 뜻이다.

변호인은 늘 바쁘다. 자료를 수집하고, 정황을 재구성하고,
스케줄을 조율하고, 몸이 아프기도 하고, 공익활동도 많다.
재판은 연기되고 판결은 유예되고 국민은 지쳐간다.
그 사이
그는 활짝 웃으며 봉사활동 사진을 올리고
당원들과 차를 마시며 ‘억울하다’고 말한다.
심지어 ‘정치 탄압’이라는 레퍼토리도 등장한다.

1심에서 유죄가 나와도 항소하면 무죄처럼 활동하고
2심에서 뒤집혀도 대법까지는 멀다.
그리고 대법이 오기 전 선거는 돌아온다.
“형이 확정되지 않았기에 출마 가능합니다.”

그는 다시 돌아온다.

당당하게,
떳떳하게,
그리고 당선된다.

법은 멈춰 있고 시간은 그의 편이다.
진실은 증발하고 기억은 희미해진다.
정치인의 재판은 왜 오래 걸릴까?
그래야 국민이 잊기 때문이다.

법은 정의를 묻지만 정치는 시간과 싸운다.
그리고, 안타깝게도 시간은 자주 이긴다.

권력은 왜 기억력이 나쁠까

– 국민은 다 기억하는데, 그들은 왜 잊었을까? –

증언대에 선 그는 말했다.
“기억나지 않습니다.”
마치 암기하지 못한 시험문제처럼 그의 눈은 공허했고
표정은 담담했다.

하루 전 회의록도
한 달 전 회식 자리도
십 년 전 공약도
모두, 기억나지 않는단다.

그는
자신이 말한 법안은 잊었지만
자신을 비판한 기자의 이름은 기억했다.
누구와 악수했는지는 잊었지만
누가 내 편인지 아닌지는 정확히 안다.

권력은 왜 기억력이 나쁠까? 혹시 기억은
필요에 따라 꺼내 쓰는 VIP 전용 보관함일까?
국민의 눈물은 흐릿하고
자신의 입장은 선명한 그들의 세계. 그곳에서

기억은 진실이 아니라 전략이 된다.
기억 상실은 방패가 되고 모호한 진술은 갑옷이 된다.
그리고 그 모호함 속에서 책임은 사라진다.
국민은 묻는다. "왜 잊었나요?"
그들은 말한다. "그때는 몰랐습니다."

하지만 우리도 안다.
몰랐던 것이 아니라, 기억할 의지가 없었던 것.
그렇기에 국민은 오늘도 기억한다.
그들이 한 말,
그들이 한 침묵,
그들이 지운 흔적들까지.

기억이 없는 권력은 책임도 없다.
책임이 없는 권력은 독이 된다.
그래서 우리는 잊지 않기로 한다.
우리를 대표한다는 그들이
무엇을 잊어버렸는지를.

선거는 쇼인가, 심판인가

– 투표장의 무대 위에서 –

막이 오른다.
풍선과 손 흔듦, 가곡 같은 연설과
연출된 미소가 무대를 가득 채운다.

주인공은 후보자다. 관객은 유권자.
각본 없는 연극이라지만 그들은 대사를 잘 외웠고
우리는 박수를 칠 준비가 되어 있다.

무대 뒤에선
선거참모, 이미지 메이커, 여론조사표,
시선 계산과 손동작 교정이 분주하다.
말 한마디, 옷 색 하나에도 표심이 출렁인다.

후보는 외친다.
"변화를 만들겠습니다!" "국민을 위해 희생하겠습니다!"
그러나 저 말은
지난 선거에서도,
지지난 선거에서도 들은 대사였다.

선거는 쇼인가? 우리는 관람 중인가? 그렇다면 왜

그 쇼의 결과가
우리를 5년간 통제하는가?

혹은 선거는 심판인가? 그렇다면 왜
우리는 매번 같은 심판을 내리며 다른 결과를 기대하는가?
TV 광고보다 더 자극적인 공약 대결,
허위사실 공방,
눈물 어린 인터뷰까지
모두 흥행을 위한 장치들인가?

쇼는 끝나고
당선자는 퇴장하지 않는다. 무대 아래에서,
그는 법을 만들고 세금을 정하고 우리를 통치한다.
그러므로
이 연극의 주인은 관객이어선 안 된다.
우리는 연출자여야 한다. 우리는 심판이어야 한다.
그 한 표,
그건 티켓이 아니라 심판장의 도끼다.
농담처럼 웃기지 말고 진심으로 던져야 한다.

철면피와 수염

— 진실은 때로 얼굴이 아니라, 털끝에서 드러난다 —

정치인의 얼굴은 철면피다.
두껍고 단단하며 뜨거운 말에도,
차가운 시선에도 변하지 않는다.
거짓말을 해도
눈 하나 깜빡이지 않고 진실을 감춰도
입꼬리는 흔들리지 않는다.

표정은 연기다. 눈빛은 방패다. 말은 장식이다.
그러나 이상하게도 그 철판을 뚫고
나오는 것이 하나 있다. 바로,
수염이다.

면도해도 다시 자라고 억지로 눌러도 삐져나온다.
마치 감춰둔 진실처럼
때를 만나면 다시 자란다.

수염은 감정을 감추지 않는다. 떨리는 턱 아래에서
고민은 자란다. 숨긴 말의 뿌리는 거기에서 잉태된다.
그래서일까,
진짜로 숨기기 어려운 건 표정이 아니라

수염이다. 철면피 정치인이
결국 자주 면도하는 이유다.

진실은
말에서 나오지 않는다. 정책에서도, 기자회견에서도,
기억 상실된 증언에서도 찾을 수 없다.
진실은
철판을 뚫고 자라는 그 거친 수염처럼,
의도치 않게
자기 존재를 드러낸다.

그러나 사람들은 그 수염을 보지 않는다.
광고된 미소에 현혹되고
훈련된 멘트에 박수치고
철면피의 광택에 안도한다.

나는 오늘도 묻는다.
당신의 수염은 진실인가요,
혹은 또 하나의 연출인가요?

진실은 수염처럼 늦게 자란다

– 거짓은 말 위에 자라고, 진실은 얼굴 아래에서 자란다 –

진실은 늘 늦다.
항상,
한 발짝 늦게 도착한다.
그래서 사람들은 종종 거짓을 진실이라 착각한다.
거짓은 빠르다.
입에서 불꽃처럼 튀어나와 마이크를 타고 퍼지고
뉴스 속 헤드라인이 된다.
박수와 환호를 먹고 자란다.

그에 비해 진실은 조용히,
턱 밑에서 자란다.
말없이,
천천히,
마치 수염처럼.

아침마다 밀어도 밤이면 다시 돋아나고 억지로 감춰도
빛이 비치면 그림자를 드러낸다.

진실은 자란다. 조금씩, 느리게, 그러나 끊임없이.
그 자람은 변명보다 느리고 해명보다 묵직하다.

그래서 어떤 사람들은 진실이 자라기 전에
얼굴을 바꾸고, 국적을 바꾸고, 정당을 바꾼다.
수염이 자랄 틈조차 주지 않으려는 듯.

그러나 진실은 언젠가 자란다.
보도자료가 사라지고, 현수막이 바래지고,
거짓의 열기가 식을 때 그제야
진실은 수염처럼, 거침없이 자라난다.
그때,
사람들은 비로소 알아본다.
진실은 늘 가장 아래에서
천천히 올라오고 있었다는 걸.

진실은 수염처럼 늦게 자란다. 그렇기에
면도처럼 쉽게 지우려 들지 말 것.
진실은 결국 다시 자란다.
그리고 그때는 숨길 수 없다.

말은 금이 아니라 칼이다

– 혀끝에서 피가 나기 전까지는, 다들 모르더라 –

"말은 금이다."
오래된 속담이 말했다.
하지만 나는 안다. 말은 금이 아니라 칼이다.
정치인의 말은 칼이다.
청중을 찌르고 상대를 베고 기억을 조각낸다.
그 칼은 겉보기에 반짝인다.
"국민을 위하여." "진심을 담았습니다."
그러나 실제 칼날은 권력을 향해 휘둘린다.

말은 칼이다.
그것은 찬찬히 사람의 등을 벤다. 정면이 아니라
뒤에서, 옆에서, 웃으며 찌른다.
법은 피가 보여야 움직이고 정의는 칼집을 벗겨야 일어난다.
그러나 말은
상처 없이도 상처를 내고 흔적 없이도 신뢰를 죽인다.
정치판에서 말은 무기다.
"그런 말 한 적 없다."라는 칼집을 만들고
"의도가 왜곡됐다."라는 손잡이를 붙인다. 그리고
"진심은 전달됐다."라는 문장으로 베어낸다.
그 칼은

시민의 마음을 갈라놓고
가짜뉴스와 음모의 고기줄을 만든다.

그러니 이제는 말하자. 말은 금이 아니다.
금은 보관되지만
말은 휘둘러진다.

말은 칼이다. 그래서 우리는
말을 할 때마다
손에 피가 묻지 않았는지 돌아봐야 한다.
침묵이 미덕이던 시절은 갔다. 이제는
말을 조심하는 시대가 아니다.
말로 사람을 살리는 시대여야 한다.

그러기 위해선 먼저
칼을 내려놓아야 한다.

사과는 말로 하지 않습니다

– 정치는 마음 없이 말로만 한다 –

그는 카메라 앞에서
고개를 숙였다. 입은 말했다.
"진심으로 사과드립니다." 하지만
그 눈은 떨리지 않았고 손은 원고를 쥐고 있었다.
그 말은 사과였을까 아니면
시선 차단용 연기였을까.
진짜 사과는
말로 하지 않는다. 그건
변화로 보여주고 책임으로 증명하고
고통으로 감당하는 것이다.

그들은 말로 사과한다. "깊이 반성하겠습니다."
그리고 며칠 뒤 새로운 자리에 앉는다.

"국민께 송구합니다." 그러면서
한 번도 국민 앞에 직접 서본 적은 없다. 그들의 사과는
국민을 향한 게 아니라 언론을 향한 포즈다.
진심의 사과는
자리를 내려놓는 일이다. 기득권을 반납하는 일이다.
말이 아니라 변화의 첫걸음이다.

그렇기에
그들은 사과하지 않는다. 그저 말한다.
“그럴 의도는 없었습니다.” “유감입니다.”
“정쟁의 대상이 되어 안타깝습니다.”

말의 성능은 나날이 발전했지만
양심의 회로는 고장 난 지 오래다.
그들은 그들만의 세계에 산다.
사과가 정치적 도구인 세계.
책임이 단어에 머무는 세계.

그 세계에선
행동보다 입이 빠르고 진심보다 이미지가 중요하다.
그래서 나는 믿는다. 사과는 말로 하지 않는다.
가슴으로, 그리고 행동으로만 전달된다.

국회는 오늘도 만원(满员)입니다

– 그러나 마음은 빈자리입니다 –

국회는 오늘도 만원입니다.
출석부엔 이름이 가득하고 자리엔 사람도 앉아 있습니다.
단상엔 연설이 울리고 카메라는 그것을 비추고 있습니다.

정말 만원입니다. 회의실은 북적이고 복도는 분주하고
책상 위 서류는 높게 쌓였습니다. 그러나—
듣는 이는 없습니다. 이해하는 이는 더 없습니다.
진심은 더더욱 없습니다.
국회는 오늘도 만원입니다. 하지만
그 가득 찬 의자들 사이엔 책임은 없습니다.
부끄러움도 없습니다.
한 사람은 소리치고 한 사람은 자고 있고
한 사람은 핸드폰을 보고 있고 또 한 사람은
국민을 본 적이 없습니다.

그들에겐 만원이란
민의(民意)의 충만이 아니라 면책의 안전지대입니다.
"국회는 민의를 대변한다."
그래서 그들은 늘 말합니다. 그러나 민의는
회의실로 들어오지 못합니다. 출입증이 없으니까요.

그들은 스스로 대변인이라 하며
자기만의 언어로 자기 얘기만 합니다.
국회는 오늘도 만원입니다. 그러나
비어 있는 건 국민입니다.
빠져 있는 건 진심입니다.
들리지 않는 건 양심입니다.
국회는 가득 차 있지만 텅 비어 있습니다.
그 텅 빈 공간을
언젠가
우리가 채워야 할 것입니다.

민주주의는 투표 뒤에 시작된다

– 투표는 열쇠일 뿐, 문을 여는 건 국민이다 –

선거 날,
우리는 줄을 섰다. 종이를 받아,
이름 옆에 도장을 찍었다.

그리고 말했다. "의무를 다했다."
하지만 그 순간
민주주의는 시작되지 않았다.
그건 단지 문 앞에 도착한 것이다.
열쇠를 돌린 순간일 뿐이다.
민주주의는
투표한 그다음 날 아침, 그가 약속을 지키는지
우리가 지켜보는 순간 시작된다.
그가 말한 "국민"이 정말 우리를 뜻하는지 아니면
자신만의 우주 속 유권자 리스트였는지 판별하는 시간,
그게 민주주의다.

투표는 제안서,
민주주의는 계약의 이행이다.
그는 연단에서 '믿어달라'고 외치고
우리는 한 표로 '믿겠다'고 응답하지만

믿음은 감시 없인 유지되지 않는다.
민주주의는
5년에 한 번 마법처럼 피었다가
5분 만에 시드는 꽃이 아니다. 그건
매일 물 주고, 잡초 뽑고, 볕 들게 해야 하는 정원이다.

투표는 순간이지만 민주주의는 과정이다. 그리고
그 과정은 불편하고, 귀찮고,
때로는 아프다.

그러나 그것이 없으면 우린 다시
쇼를 믿고, 권력을 위임하고,
모든 걸 잊는 관객이 된다.

민주주의는
투표 끝에 완성되지 않는다. 그때 비로소 시작된다. 그리고
우리가 등 돌리는 순간, 그건
다시 무너진다.

투표함에서 민주주의가 시작된다

– 그러나, 거기서 독재도 자랄 수 있다 –

투표함.
국민의 한 표가 모여 민주주의가 싹트는 그 자리.
우리는 손에 힘을 주고
작은 종이 위에 미래를 접어 넣는다.
사람들은 말한다.
"민주주의는 투표에서 시작된다." 맞는 말이다.
하지만 거기에는
반드시 덧붙여야 할 문장이 있다.
"그리고, 거기서 독재도 자랄 수 있다."
독재는 탱크로 오지 않는다.
요란한 총성과 함께 오지 않는다. 그는 조용히,
선거 캠프에서 자라고 포스터에 미소를 짓고
현수막에 "국민"을 새기며 온다.

그리고 투표함을 거쳐 정당한 얼굴을 하고
합법의 이름으로 의심 없이 다가온다.

우리는 뽑았다.
하지만 감시하지 않았다. 우리는 선택했다.
하지만 검증하지 않았다. 그리고 그날 이후

우리의 권리는 서랍에 잠들고 그들의 권력은 광장을 점령했다.
민주주의는
투표함에만 머물러선 안 된다.
그건 시작이지 완성이 아니다.
그다음은 깨어 있어야 한다. 기억해야 한다.
묻고, 따지고, 되돌아봐야 한다.

왜냐하면 투표함은
희망의 입구이기도 하지만
방심의 출구이기도 하기 때문이다.
독재는 검은 옷을 입고 오지 않는다.
그는 국민의 손으로 뽑히고, 국민의 무관심 속에서 커진다.
그러니 우리는 선택하는 손보다
감시하는 눈이 더 많아야 한다.
그게 민주주의의 진짜 생존이다.

기억은 민주주의의 숨이다

– 망각하는 순간, 민주주의는 질식한다 –

민주주의는
투표로 시작되지만 기억으로 살아간다.
우리가
그의 거짓말을 기억하지 않는다면,
그녀의 말 바꾸기를 묻지 않는다면,
그들이 저지른 책임을 잊는다면,
민주주의는 숨을 멈춘다.
기억은
이념보다 오래가고 정당보다 정확하다.
기억은
정권보다 강하고 선동보다 조용하지만, 가장 위험한 무기다.
왜냐하면
그들은 우리가 잊기를 바라기 때문이다.

"그때는 어쩔 수 없었다." "그건 사실이 아니었다."
"이제 와서 왜 그 얘기를 꺼내느냐." 이 말들은
기억의 창고에 먼지를 뿌리는 기술이다.

하지만 우리는 안다. 그날의 침묵,
그때의 분노, 속았던 자괴감과

당했지만 아무 말도 못 했던 순간들.

그 모든 감정은
민주주의의 폐 속에 있는 산소다.

우리가 기억할 때, 그들은 두려워한다.
우리가 기록할 때, 그들은 움찔한다.
망각은 민주주의의 독이다.
"이쯤 했으면 됐지."라는 말은
그들이 다시 돌아올 통로를 깔아주는 일이다.

기억이 살아 있는 나라, 그곳엔
권력도 긴장하고,
정치도 조심하며,
진심만이 남는다.
그러니 우리는 매일 기억해야 한다.
그들의 말, 그들의 침묵, 그들의 약속, 그들의 뒷모습까지.
기억은 민주주의의 숨이다.
우리가 숨을 멈추지 않는 한,
그들도 함부로 거짓을 쉴 수 없다.

투표는 감성이 아니다

– 그 한 표가 나라를 울릴 수도 있다 –

투표는
눈물로 하는 게 아니다.
분노로도, 희망이라는 착각으로도 해서는 안 된다.
투표는
기억 위에서, 사실 위에서, 논리 위에서
내려야 하는 결정이다.

하지만 지금 우리는
이성보다 감정으로 움직인다.

"사람이 좋아 보여서."
"한 번쯤 바꿔보자는 생각에." "그 말에 뭔가 끌려서."
그 끌림이
국가의 방향을 좌우하고
그 감정이
정책보다 앞서며
그 한 표가
전체의 미래를 요동치게 만든다.

그들은 안다.

우리가 감성에 약하다는 걸.
그래서 눈물 흘리고, 아이를 안고,
연로한 부모를 무대로 부른다.

그 장면에 우리는 또 흔들린다. 하지만
국정은 드라마가 아니고 정치는 예능이 아니다.
당신이 뽑은 그 손이 경제를 결정하고, 외교를 대표하고,
아이의 교과서를 바꾼다.

그래서 묻는다.
당신의 선택은 어떤 것인가?
기억을 바탕으로 한 선택인가, 아니면
이미지로 덧칠된 감정의 선택인가?
감성은 공감의 출발일 수 있지만
정책은 이성의 도착지여야 한다.

대한민국의 운명을 감정에 실어 보내기엔 지금 우리는
너무 많이 다치고, 너무 많이 배웠고, 너무 멀리 왔다.

다시, 묻습니다.
당신의 한 표는 어디에 서 있습니까?
가슴에만 있습니까,
아니면
머리와 함께 있습니까?

공약집은 누가 읽는가

– 가장 많이 뿌려지고, 가장 적게 지켜지는 책 –

공약집이 도착했다.
우편함 안에, 벽 틈 사이에, 거리 인도 위에
무수히도 많았다.

겉표지는 반짝였고
후보자의 얼굴은 미소를 지었다. 굵은 글씨로
"약속드립니다."라고 쓰여 있었다.
나는 펼쳤다.
1쪽,
2쪽,
3쪽… 그리고 덮었다.
읽을수록 믿을 수 없었기 때문이다.

정확히 말하면
읽지 않는 게 마음이 편했다. 왜냐면,
그들은 지키지 않으니까.

공약은 선거철에만 피고 선거가 끝나면
구겨진 팸플릿처럼 잊힌다.
그들의 약속은 책이 아니라 광고였다.

그래서 묻는다. 공약집은 누가 읽는가?
후보자는 쓰고도 잊고, 국민은 받고도 버리고,
언론은 언급조차 하지 않는다.

공약집은
책장에 꽂히지도 않고 법으로 묶이지도 않는다.
그저 선거장의 소모품, 홍보의 소리 없는 전단지.
가장 많이 인쇄되고, 가장 적게 실천되며,
가장 빨리 사라지는 책. 그게 공약집이다.
하지만 우리는 잊지 말아야 한다.
그 책이 진짜였더라면,
지금 이 나라는
훨씬 나았을 것이다.

그러니 다시 묻는다. 공약집은 누가 읽는가?
당신이 읽지 않으면
그 누구도 책임지지 않는다.

망각은 권력의 가장 오래된 전략이다

– 기억을 지우면 죄도 지워진다 –

권력은
총으로만 유지되지 않는다. 법으로만 정당화되지 않는다.
기억을 지우는 기술, 그것이야말로
가장 오래된 무기다.

처음에는 사과한다. 다음엔 해명한다.
그리고 시간이 흐르면 말하지 않는다.
국민이 잊을 때까지 기다리는 것, 그것이 권력의 전략이다.
망각은 권력에게 축복이다.
잊히면 살아남고 기억되면 무너진다.
그러니 그들은 기억을 지우려 한다.
뉴스는 흐릿하게, 기사는 묻히게,
기록은 삭제되고 증언은 부정된다.
"그 일은 오래전이다." "그건 정쟁일 뿐이다."
"이제는 미래로 나아가야 한다." 이 말들은 모두
망각을 촉진하는 처방전이다.

그들은 알고 있다. 국민의 분노는 뜨겁지만 기억은 짧다.
분노는 소리치고
망각은 그 뒤를 조용히 따라간다.

그리고
기억이 사라진 자리에 그들은 다시 선다.
같은 얼굴, 같은 말, 같은 약속.
마치 아무 일도 없었던 것처럼.

그러니 우리는 기억해야 한다.
그들의 말,
그들의 침묵,
그들이 지운 흔적까지.

기억은
권력의 유일한 천적이다.
망각은
권력의 가장 오래된 연인이다.

그 연인을 떼어내는 순간, 민주주의는 비로소
숨을 쉴 수 있다.

기억을 꺼내는 날, 권력은 떨기 시작한다

– 국민의 기억은 권력의 악몽이다 –

그들은 웃었다.
선거가 끝나고, 기억이 흐릿해지고, 말들이 희미해질 때.
그들은 확신했다.
우리가 잊었을 거라고. 분노는 한철이고 기억은 계절이라고.
하지만
기억은 저장되고 있었다.
사라진 게 아니라
잠시 서랍에 넣어둔 것뿐이었다.

그리고 어느 날
우리는 그것을 꺼냈다.
그의 말, 그의 거짓, 그의 외면.
꺼내는 순간,
그의 손이 떨리고 말이 흔들리고 눈동자가 흔들렸다.
기억은
시간을 거슬러 올라가
지워진 책임을 복원하는 힘이다.

그날 우리는 말했다.
"당신이 한 말을 기억한다." "당신이 한 행동을 기억한다."

"우리는 잊지 않았다."

그 순간

권력은 떨기 시작했다. 왜냐하면

그들이 가장 두려워하는 건 진실이 아니라,

그 진실을 기억하는 사람들이기 때문이다.

기억은 칼보다 날카롭고 선거보다 강하다.

그것은 법이 닿지 못한 곳을 비추고

시간이 감춘 죄를 드러낸다.

우리는 잊지 않는다.

기억을 꺼내는 날, 그들의 시대는 끝나기 시작한다.

침묵은 동의가 아니다

— 말하지 않는다고, 찬성한 것은 아니다 —

그들은 말한다.
"아무도 반대하지 않았습니다." "문제 제기는 없었습니다."
"국민은 침묵했습니다."
그래서 결정했습니다. 통과시켰습니다. 시행했습니다.
그들에게 침묵은 편리한 해석의 여백이고
무대응은 곧 지지의 징표다.

그러나 우리는 안다. 침묵은 말이 아니다. 그건 감정이다.
때로는 실망이고, 때로는 두려움이고,
대부분은 기회조차 주어지지 않은 상태다.

말하지 않았다고 모두 동의한 건 아니다.
소리치지 않았다고 마음이 없던 건 아니다.
침묵은 때로
너무 많이 들어서 지친 것이고,
너무 많이 속아서 말 없는 것이며,
기회를 줘도 변하지 않으니 포기한 것이다.

그 침묵은
잔잔한 수면 위의 깊은 분노다. 그리고 그 물결은

언젠가 큰 파도가 되어 모든 권좌를 뒤집는다.
침묵을 동의라 말하지 마라.
그건 오만이고,
그건 착각이며,
그건 다가오는 심판을 모르는 자의 무지다.

침묵은 때로
가장 강력한 대기다.
그리고 대기는 움직이는 순간 바람이 되고, 폭풍이 된다.
우리는 지금
말을 아끼고 있지만, 그건 잊었거나 포기해서가 아니라
정확히 말할 순간을 기다리는 중이다.

민심은 소리 지르지 않는다, 그러나 무섭다

– 무너진 정권은 항상, 조용한 바람 끝에서 시작되었다 –

민심은 소리 지르지 않는다.
현수막을 찢지 않고, 마이크를 빼앗지도 않는다. 그저
조용히 바라보고, 묵묵히 듣고, 말없이 기억한다.
그래서,
그들은 착각한다.
"국민은 나를 지지한다." "아무도 반대하지 않았다."
"다들 조용하니 괜찮다."
하지만
그 조용함은 폭풍 전의 숨 고르기다.
그 고요는 지켜보는 자들의 공기다.

민심은
박수를 치지 않을 때, 고개를 끄덕이지 않을 때,
아무 말 없이 투표소로 향할 때 가장 무섭다.
권력은 흔히 군중의 외침을 두려워하지만
사실 가장 무서운 건
침묵한 군중의 뒷모습이다.

그들은 웃으며 말한다. "이제 민심은 돌아왔다."
그러나 민심은

돌아온 게 아니라 기회를 주었을 뿐이다.
그리고 그 기회를
한 번 더 져버릴 때 그들은 돌아보지 않는다.
무너진 정권,
몰락한 권력자들의 마지막 말은 늘 같다.
"왜 그런 줄 몰랐다."
"민심이 이토록 무서운지 알지 못했다."
민심은
불처럼 타오르지 않는다. 바람처럼 불어간다.
그것은 방향 없이 흐르는 듯하다가 어느 날,
정권을 송두리째 휩쓴다.
민심은 소리 지르지 않는다. 그러나, 무섭다.
왜냐하면
그건 국민 전체의 숨결이기 때문이다. 그리고 숨은
멈추지 않는 법이니까.

정권은 선거로 바뀌지만,
나라는 행동으로 바뀐다

– 뽑는 것으로 끝난 나라에, 내일은 없다 –

정권은 선거로 바뀐다.
이름이 바뀌고, 색이 바뀌고, 로고가 바뀌고,
연설의 문장이 달라진다.

사람들은 환호한다. 바뀌었다고.
드디어 새로운 시대라고.

그러나, 묻는다.
무엇이 진짜로 바뀌었는가?
불편한 제도는 그대로이고 불공정한 관행도 남아 있고
말만 바뀐 정책들은
전보다 더 유창한 거짓을 한다.

정권은 바뀌었지만
나라가 바뀌었다고 말할 수 있는가?

나라를 바꾸는 건
단 한 번의 도장이 아니라 매일의 선택과 실천이다.
길에서 양보하고, 거짓에 침묵하지 않고,

책임을 미루지 않으며, 눈앞의 이익보다
공공의 정의를 선택하는 것.

정치는
위에서 아래로 떨어지는 것이 아니라
아래에서 위로 밀어 올리는 것이다.
그래서 나라를 바꾸는 건 당선된 그 사람이 아니라,
당선 이후에도 깨어 있는 우리다.
우리는 자주 착각한다.
표 하나로 세상이 바뀔 거라고. 하지만,
그건 문을 열 뿐
걸어가는 건 결국 우리 몫이다.

정권은 선거로 바뀐다.
그러나 나라를 바꾸려면 우리는 매일 선택해야 한다.
침묵이냐, 외침이냐.
외면이냐, 개입이냐.
기억이냐, 망각이냐.
그 모든 결정들이
이 나라의 방향이 된다.

그러니 잊지 말자. 정권은 선거로 바뀐다.
하지만 나라는
당신의 행동으로 바뀐다.

말 바꾸기 달인전

– 시즌 2: 말은 바뀌어도 얼굴은 안 바뀐다 –

열렸다, 또다시.
전국 말 바꾸기 달인전. 참가자는 전원 정치인,
심사위원은 국민이지만 점수는 늘 권력이 매긴다.

예선 1라운드 — "그건 그런 뜻이 아니었습니다" 부문
어제는 분명 '반대'라더니
오늘은 '조건부 찬성' 내일은?
상황 보며 결정.

준결승 — "기억이 나지 않습니다" 부문
질문이 길수록 기억은 짧아진다.
자신의 말도, 녹취도, 영상도
다 '기억에 없는 일'이다.

결승 — "국민 뜻 존중" 부문
국민이 원한다면 물러나겠다고 했다. 그런데 국민이 원해도
'그건 일부의 목소리'란다. 국민의 뜻이
듣고 싶은 말일 때만 국민의 뜻이다.

그리고,

※ 올해의 대상 수상자 인터뷰:
“말을 바꾸려 한 게 아닙니다. 생각이 성숙해진 겁니다.”
※ 심사평:
“사과 없이 말만 바꾸는 재주,
그야말로 달인의 경지에 올랐습니다.”
관객석의 우리는 처음엔 웃었고 이내 지쳤고 결국 외면했다.
그 틈을 타
그들은 말 바꾸는 속도를 더 높였다.
말은 바뀌어도, 얼굴은 안 바뀐다.
얼굴은 안 바뀌어도, 책임도 안 바뀐다.
이 쇼는 매 시즌 반복된다. 새 인물, 같은 대사.
새 정당, 같은 전략. 말 바꾸기 달인전은
국민의 기억이 짧을수록 더 쉽게 흥행한다.
그러니 이제 우리가 심판이 되어야 한다.
말을 보는 게 아니라,
지켜온 말이 있는지를 보자.
그게 진짜 달인을 가리는 기준이다.

권력은 이미지로, 국민은 기억으로 싸운다

– 쇼는 포장되지만, 기억은 날 것 그대로 남는다 –

권력은 이미지를 만든다.
포스터 속 미소, 영상 속 악수,
아이를 안고, 노인을 부축하며
"서민과 함께"라는 문장을 외운다.

조명은 그를 신처럼 만들고
슬로모션은 그를 인간적으로 만든다.
한 장의 사진이
천 마디의 질문을 덮는다.

그들은 이미지로 싸운다.
말보다 표정, 정책보다 감성, 리얼보다 연출.
그에 맞서는 국민은 기억으로 싸운다.
그가 언제 무슨 말을 했는지, 무엇을 하지 않았는지,
어디서 돌아섰는지를 기억한다.
이미지는 반짝인다. 기억은 묵직하다.
이미지는 꾸며진다. 기억은 남겨진다.
선거는 이미지가 이길 수 있다.
하지만 역사는 기억이 쓴다.

그래서 그들은 기억을 지우려 한다. "그건 왜곡이다."
"그땐 그런 사정이 있었다." "지금은 다르다."
반복되는 이미지 세탁, 지워지지 않는 국민의 기억.
이미지는 바람처럼 흔들리지만 기억은 뿌리처럼 남는다.
그리고, 언젠가
그 기억은 솟구쳐 오르고 그 이미지를
박살낸다.
권력은 이미지로 싸운다. 국민은 기억으로 싸운다.
이 전쟁은 조용하지만 가장 오래
그리고 가장 깊이 승부를 가른다.

권력은 연출을, 국민은 실존을 원한다

– 카메라는 돌지만, 식탁은 비어 있다 –

권력은 연출을 한다.
연단에 서서, 조명을 맞고, 대사를 읊는다.
눈빛엔 결연한 의지, 목소리는 연습된 울림.
그 장면은 뉴스로 퍼지고 SNS로 순환된다.
국민은 그 장면을 하루 열두 번 본다.
그러나 그 장면 뒤 진짜 국민은 지하철을 타고,
물가에 한숨 쉬고, 정육 코너 앞에서 계산기를 두드린다.
국민은 연출이 아닌 실존을 원한다.
그는 연설이 아니라 행동을 보고 싶다.
악수가 아니라 삶을 보듬는 손길을 원한다.

하지만 권력은 실존을 불편해한다.
카메라가 없는 곳에선 표정이 다르고,
회의가 끝나면 현장은 사라진다.

연출은 실패해도 컷 하면 된다. 하지만 실존은 실패하면,
굶는다. 아프다.
죽는다.

그 괴리 속에서 국민은 지친다.

"보여준 건 많은데, 바뀐 건 없다."
"들린 말은 많은데, 내 삶은 그대로다."
권력은 연출을 반복하고
국민은 실존을 포기하지 않는다.
그 끝없는 평행선이 어느 날 교차할 때,
진짜 정치가 시작된다.
국민은 쇼를 원하지 않는다. 그는
연기를 뚫고 나오는 진짜 얼굴을 기다린다.

보여주기 정치, 떠나는 국민

– 연출이 끝나도, 삶은 계속된다 –

그들은 보여준다.
거대한 행사장, 수백 장의 사진, SNS에 올린 사인,
예고 없는 민생 방문, 그리고…
웃음.
항상 웃고 있다. 카메라가 있을 때만.
정치는 연출을 시작했고 국민은 연출을 간파했다.
보여주기 정치는
한 컷으로 감동을 팔고,
한 마디로 모든 것을 해결한 척한다.

그러나
국민은 살고 있다. 연출이 아닌
실제의 고단한 삶 속에서. 학교 급식비가 밀리고,
소상공인은 대출금에 쪼이고,
청년은 이력서보다 포기서를 먼저 쓴다.

그래서
국민은 떠난다.
정치를 외면하고, 뉴스를 끄고, 선거를 건너뛰고,
더 이상 믿지 않는다.

그 떠남은 조용하다. 비난보다 무섭다. 무관심이라는 심판.
정치는 계속 보여준다.
마치 아무도 떠나지 않은 듯. 그러나 관객석은 비어간다.
박수는 줄고, 시선은 식고,
진짜 국민은 점점 멀어지고 있다.
그런데도
정치는 아직도 묻지 않는다.
왜 국민이 떠나는지. 어디서부터 멀어진 건지.
보여주기 정치는
관객을 모른다. 국민은 더 이상 무대 앞이 아니라,
출구 쪽을 보고 있기 때문이다.

전과자 우대의 나라

— 경험은 불리하고, 전과는 유리하다 —

취업 공고엔 늘 적힌다. “경력자 우대”
그래서 청년은
일한 적 없어도 일해야 하고,
배운 적 없어도 성과를 내야 한다.

그런데 정치판은 다르다. “전과자 우대”
한두 건쯤은 애교, 세네 건은 강단, 다섯 건 이상이면
‘정치적 희생양이었다’는 타이틀이 붙는다.

도덕성은 이력서에 없고
전과 기록은 서사로 포장된다. 정치는
도덕보다 생존을 중시하는 업종이다.

전과자는 전과자를 알아본다. 불법에 관대한 눈빛,
거짓을 이해하는 방식, 책임을 밀어내는 손길.
그들은 서로의 죄를 감추는 데 익숙한 언어를 사용한다.
그래서 그들은 측근을 고른다.
닮은 사람을. 넘어졌던 사람을.
그리고 절대 사과하지 않는 사람을.

국민은 묻는다.
"왜 그를 등용했는가?" 그들은 대답한다.
"그는 능력자입니다." 하지만 우리는 안다.
그 능력은 법의 그물에서 빠져나오는 기술이다.
그리하여,
정치는 깨끗한 자를 불편해하고 부끄러움을 아는 이를
조용히 밀어낸다.

우대는 본래
공정한 경쟁을 위한 장치였지만 이곳에선
범죄와 권력의 동맹 선언이 되었다. 정치는 언제부터
자기반성 대신
전과경력을 쌓는 게임이 되었는가.

우대받아야 할 건
도덕, 신뢰, 책임감 아닌가.
경험 많은 국민은 소외되고
죄 많은 정치인은 영입되는
이 나라의 우대 시스템,
대체 누굴 위한 것인가.

신뢰는 추천서가 아닌 살아온 흔적이다

– 말보다 걸음, 이력보다 땀 –

그는 추천서를 들고 왔다. 높은 사람이 썼고,
긴 칭찬이 적혔고, 서류는 번듯했다.
추천인은 권위자였고, 문장은 유려했고, 인장도 선명했다.
하지만 묻는다.
그의 삶은 어디 있는가?
그가 넘어졌을 때 어떻게 일어났는지,
그가 결정했을 때 누가 울었는지,
그가 머문 자리엔 신뢰가 남았는지.
신뢰는 종이 위에 남지 않는다.
그건 걸어온 발자국 위에 남는다.
힘 있는 사람에게 인정받는 것이 아니라,
힘없는 사람에게도 미움을 받지 않는 것이다.

추천서는 말해준다.
"이 사람은 능력자입니다." 그러나 신뢰는 묻는다.
"그 능력, 누구를 위해 쓰였습니까?"

살아온 흔적은 지울 수 없다.
말은 바꿀 수 있어도 행동은 남는다.
기록은 지워도 사람들의 기억은 지워지지 않는다.

정치는 추천서로 임명장을 주지만
국민은 삶의 궤적으로 신뢰를 준다.

그러니 이제 그만 서류를 보지 말고, 발자국을 보자.
그가 걸어온 길 위에 무너진 신뢰가 있는지,
사라진 책임이 있는지. 아니면,
묵묵한 진심이 조용히 쌓여 있는지.
신뢰는 말이 아니다. 그건 누적이다.
그리고, 그 누적이
진짜 사람을 증명한다.

증명되지 않은 진심은, 전략이다

– 말로만 하는 고백은 언제나 계산이다 –

"진심입니다."
그는 말했다. 눈을 마주치며, 고개를 숙이며, 손을 얹으며.
그러나 묻는다.
무엇으로 증명할 것인가. 그 말이
책임이었는지, 아니면 전략이었는지.
정치는 늘
진심이라는 단어를 좋아한다. 그 한마디면
거짓을 덮을 수 있고, 기억을 흐릴 수 있으며,
비난을 감성으로 녹일 수 있다.

진심이라는 말은
비난 앞에서 방패가 되고 공감 앞에선 도구가 된다.
하지만 진심이란
입술에 머무는 게 아니라 행동에 담겨야 한다.
결과로, 책임으로, 그리고 꾸준함으로.
말만 있고 그 뒤가 없다면 그건 전략이다.
감정을 유도하기 위한 연출, 시간을 벌기 위한 계산,
비난을 흘려보내기 위한 포장지.
정치인의 진심은
매번 '그때는 몰랐다'고 시작되고

'지금은 안다'는 말로 끝난다. 그러나 국민은 안다.
그건 기억이 아니라 시나리오다.
증명되지 않은 진심은, 진심이 아니다.
그건
승인을 받지 못한 약속서이고 책임이 없는 사과이며
결과가 없는 말장난이다.

그러니 이제 진심이란 단어에 쉽게 흔들리지 말자. 우리는
그들이 걸어온 시간 속에서 그 말이
진심이었는지, 전략이었는지, 판단할 수 있다.
진심은 증명하는 것이다. 그것이 없으면
진심은 그저,
의도된 도구일 뿐이다.

방화의 불꽃으로 민주를 밝힐 순 없다

– 과거의 명분이 모든 폭력을 정당화할 수는 없다 –

그는 말했다.
"나는 민주화 운동의 주역이었다." 그래서
그의 거친 손은 면죄부가 되었고,
그의 과거는 면책특권이 되었다.
그는 자랑스러웠다. 화염병을 던졌던 그날을.
누군가의 차를 불태웠던 그 밤을.
억압에 맞선 거침없는 주먹을.
그러나 묻는다.
그 손에 맞은 사람도,
민주주의를 꿈꾸던 시민이었을 수도 있지 않은가.

민주주의는
투쟁이 필요하지만
폭력은 미화되어선 안 된다. 정의라는 이름으로
다른 정의를 찢는 순간, 그것은 이미
민주가 아닌 파괴다.

불의에 맞서는 건 정당하다. 그러나
그 수단이 불의였다면
그 결과는 정의일 수 없다.

도덕과 신뢰는
승자의 특권이 아니라,
모든 이가 지켜야 할 최소의 약속이다.

불을 질러 자유를 말하고 주먹으로 평등을 외치는 순간
민주는 방향을 잃는다.
지금도
그날의 불꽃을 등에 업은 이들이 말한다.
"우리는 싸웠고, 이겼다.
그러니 지금 이 자리에 있는 건 당연하다."
하지만 묻는다.
당신이 이긴 건 권력이지, 정의는 아니지 않은가.
민주주의는
결과로 완성되지 않는다.
과정으로 증명된다. 그 과정이
도덕 위에 서 있었는가, 아니면 폭력 위에 올라탔는가.
우리는 기억해야 한다.
민주는 누가 얻었느냐가 아니라
어떻게 얻었느냐로 남는 것이다.

이긴 자가 옳은 것이 아니다

– 승리는 증명이 아니라, 결과일 뿐이다 –

그는 이겼다.
정권을 잡았고, 청문회를 통과했고, 법의 잣대를 피해갔다.
그리고 말한다.
"결국 내가 옳았다는 증거다." "국민이 나를 선택했다."
"역사가 증명했다."
그러나 우리는 안다.
이긴 자가 옳은 것은 아니다. 그는 이겼을 뿐,
진실을 증명한 적은 없다.

역사는 종종
승자의 펜으로 기록되고 패자의 말은
지워지거나 왜곡되거나
아예 기록되지 않는다.

그래서
이긴 자의 과거는 포장되고 그의 실수는 경험이 되며
그의 죄는 "그때는 어쩔 수 없었다."라는 말로 바뀐다.

그러나 묻는다.
정말 어쩔 수 없었는가? 그때의 그 폭력,

그날의 그 배신,
그 순간의 그 거짓— 모두 옳았는가?
우리는 결과를 존중할 수는 있어도,
그 수단을 잊어서는 안 된다.
진짜 정의는
이겼다고 증명되는 것이 아니라, 질 수도 있는 길을
끝까지 걷는 사람에게 깃든다.

세상은 자주
승자에게 박수를 보낸다. 그러나 시간은
그 박수의 방향을 바꾼다. 조용히, 천천히,
그러나 반드시.
그러니 기억하자.
이긴 자가 옳은 것이 아니다. 옳은 자가 결국
이겨야 할 세상을 만들자.

과거를 이유로 오늘을 면제받을 수는 없다

— 기억은 훈장이 아니라, 책임의 연장이다 —

그는 말했다.
"나는 그때, 앞장섰다."
"나는 그 시절, 투쟁했고, 이끌었다."
"내가 아니었다면, 지금의 이 나라는 없었을 것이다."

사람들은 박수쳤고, 기억은 훈장이 되었고, 그는 면제되었다.
오늘의 실수로부터.
오늘의 무능으로부터.
오늘의 비겁함으로부터.
그러나 묻는다. 과거가 옳았다고 오늘도 옳은가?
그 시절이 빛났다고
지금의 그림자까지 용서되는가?

과거는 자랑일 수 있다. 그러나
면책이 되어선 안 된다. 책임의 증명이지, 면허증이 아니다.
그는 싸웠을 수 있다. 그러나 지금은 타협하고,
그는 걸었을 수 있다. 그러나 지금은
권력의 리무진에 올라탔다.

민주는 과거를 기억한다. 그러나

민주는 더 많이 현재를 묻는다. 그리고 가장 냉정하게
지금 무엇을 하고 있느냐를 본다.

'내가 누구인지 아느냐'는 말보다
'내가 지금 무엇을 하고 있느냐'가 진짜 정체성이다.
그러니 이제는 말해야 한다. 과거를 이유로
오늘을 면제받을 수는 없다. 진짜 공로자라면
지금도 국민 앞에 떳떳해야 한다. 시간은 흘렀고
나라가 바뀌었다면 당신도,
책임의 무게만큼
더 단단해야 하지 않겠는가.

도덕 없는 승리는 독이 된다

– 외형은 금배지, 내면은 독배 –

그는 이겼다.
선거에서, 토론에서, 법망 속에서.
그는 이겼다.
경쟁자를 무너뜨렸고, 지지율을 끌어올렸고, 언론을 잠재웠다.
그리고 말했다.
"이겼다는 게 증거 아닙니까?"
"국민이 저를 선택한 겁니다."
그러나 묻는다.
그 승리는 도덕 위에 있었는가? 그 과정엔
거짓이 없었는가? 그 말은 진실이었는가?
승리는 결과지만, 도덕은 이유다.
이유 없는 결과는 바람처럼 사라지고,
때로는 독처럼 퍼진다.

도덕 없는 승리는 정의를 오염시킨다. 거짓을 정당화하고,
폭력을 미화하며, 실패한 자들에겐 침묵을 강요한다.
그리하여,
그 승리는 독이 된다.
권력의 목을 조이고, 국민의 신뢰를 갉아먹고,
민주주의의 뿌리를 썩게 만든다.

성공은 누구나 갈망하지만 그 성공이 사람을 해친다면,
그건 성공이 아니라 지능화된 파괴다.
진짜 승리는 박수가 아니라
책임의 무게로 증명된다. 정치는 결과만이 아니라
과정의 윤리로 평가받아야 한다.

그러니 기억하자.
도덕 없는 승리는 독이다.
그 독은 처음엔 힘을 주지만 결국
모두를 병들게 만든다.

그때는 맞고, 지금은 틀리다

– 시대는 흐르는데, 당신은 멈춰 있었다 –

그는 말했다.
"그때는 맞았다." 민주주의를 외쳤고, 독재에 맞섰고,
거리의 함성을 이끌었다고.

그건 분명 옳았다. 아니,
그 시절엔 맞았다. 그런데 지금은?
지금의 그는 권력을 즐기고, 비판을 막고, 기억을 요구하면
'왜 자꾸 과거만 들추냐'고 한다.

그리고 말한다.
"그때 내가 뭘 했는지 아느냐?" 그는 여전히
그때를 방패 삼아 지금을 면제받고 있다.
하지만 시대는 흐르고 민주주의는 자리를 옮긴다.
그때의 정의는
지금의 기준이 될 수 없다.
역사는 멈춰 있는 자에게 면허를 주지 않는다.
정의는 매 순간 갱신되어야 하고 책임은 지금 이곳에서
다시 증명되어야 한다.

과거는 자랑일 수 있지만 오늘을 살지 못하면

그 자랑은 무덤이 된다.

그때는 맞았다. 그러나
지금은 틀리다. 왜냐하면
그의 태도는 바뀌지 않았고 시대는 이미
그를 지나쳤기 때문이다.

국민은 과거를 존중하지만
지금을 살아내지 못하는 자를 미래로 데려가지 않는다.
민주주의는 깃발보다 발자국으로 증명된다.

광장에서
수많은 깃발이 펄럭였다. 자유를 외치고
정의를 부르짖고 국민을 향한 구호가 하늘을 가득 메웠다.
그리고 시간이 흐르고
그 깃발을 들었던 이들 중
몇은 권력을 가졌고,
몇은 침묵을 선택했고,
몇은 다른 깃발을 들기 시작했다.

민주주의는
깃발로 시작할 수 있다. 그러나
깃발로 증명되진 않는다.

깃발은 흔들리지만 발자국은 쌓인다.
깃발은 바람을 타지만
발자국은 흙 위에 무게를 남긴다.

진짜 민주주의는
누가 더 크게 외쳤느냐보다
누가 더 멀리, 꾸준히 걸었느냐를 기억한다.

카메라 앞에서 선구자인 척했던 이, 그의 오늘은
도덕을 잊었고 권력에 취했다면— 그의 깃발은
이제 장식일 뿐이다.

그러나
한 번도 마이크를 잡지 않았지만
항상 옳은 쪽에 서 있던 이,
조용히 걷고, 묵묵히 지켜낸 이의 발자국이
진짜 민주주의의 길이 된다.
우리는 깃발을 기억한다. 그러나
발자국으로 판단해야 한다.

민주주의는
누가 위로 흔들었는가보다
누가 아래로 디뎠는가로 남는다.

그의 과거는 크지만, 오늘은 작다

그는 위대했다.
그 시절,
거리의 맨 앞에 섰고 폭압에 맞섰으며
민주주의의 깃발을 손에 쥐었다.

그의 과거는 사진이 되었고 기념사가 되었고
교과서 한 귀퉁이를 장식했다.

그는 말했다.
"내가 그때 무엇을 했는지 아느냐?" 그 말엔
자부심보다 면제의 냄새가 났다.

그리고 우리는 본다. 그의 오늘은
거창한 연설 뒤
작은 책임도 회피하고, 정의의 이름으로 변명을 하고,
민중의 이름으로 자신을 보호한다.
그의 과거는 크지만, 오늘은 너무 작다.
그의 그림자는 컸지만, 그 아래
비추는 빛은
이제 너무 흐리다.

시간은 흐르는데 그는 멈췄다. 과거의 승리를
오늘의 방패로 들었고, 과거의 박수를
오늘의 면책으로 썼다.

민주주의는
과거에 머무는 체제가 아니다.
오늘 증명되지 않는 이상, 그의 정의는 박제다.
사람은 기억으로 존경받지만 지금의 태도로 평가받는다.
그러니 이제는 말해야 한다. 과거가 크다고,
오늘의 작음을 감출 순 없다.

진짜 큰사람은 과거가 아니라
지금도 계속 자라는 사람이다.

나는 어떤 정치를 원하는가

– 표가 아닌, 미래를 위한 정치를 묻는다 –

과거는 중요하다.
그러나 그 위에 올라서서 기억을 자랑삼고
책임을 피해가는 정치는 멈춰버린 시계와 같다.
나는 과거에만 박제된 정치가 아니라
내일을 고민하는 정치를 원한다.
언제까지 '그때는 그랬지'만 반복하며
지금의 무능을 면제받을 것인가.
현실을 핑계로 표를 의식해
퍼주기성 말잔치를 벌이고,
소수의 소리에 민감하게 흔들리며, 결국
내 아이가 살아갈 미래를
담보로 거래하는 정치는 그만 보고 싶다.

나는 정치를 바란다.
지금 당장 표가 안 되더라도 십 년 후,
국민이 고맙다고 말할 수 있는 정책을 택하는 용기.

나는 바란다.
현실과 타협하지 않고
가치를 선택할 줄 아는 정치.

누군가에게 미움을 사더라도
다수에게 희망을 줄 수 있는 결단.
정치는
소음 많은 자리에서
조용한 진실을 지켜내는 일이다.

나는 이제
잔재주 부리는 연설가보다
불편한 진실을 말하는 지도자를 원한다.
표를 의식해 침묵하는 이가 아니라
내일을 위해 오늘을 걸 수 있는 사람.
나는 그런 정치를 원한다.
과거를 인질 삼지 않고 미래를 향해 걸어가는 정치.
지금의 안위보다 내 아이가 살아갈 내일에 떳떳한 정치.

당장의 표보다 다음 세대의 삶을 보라

– 정치란 지금의 박수보다, 내일의 숨결을 책임지는 일 –

그는 민심을 본다.
아니,
민심이란 이름의 지지율 그래프를 본다.
표가 나오는 곳에만 눈을 두고
표가 되지 않는 곳은 보지 않는다.
그러나 묻는다. 그가 보지 않는 곳,
아이들의 식탁과 책상과 내일에는 누가 책임을 지는가.
정치는 지금의 욕을 먹고,
다음 세대의 박수를 받는 일이어야 한다.
그러나 우리는 너무 오래
당장의 박수를 위해
아이들의 미래를 저당 잡힌 지도자들만 보아왔다.

그들은 말했다. "이게 현실입니다."
"어쩔 수 없습니다." 그러나 그 현실이란
정작 미래에 가장 가혹한 현재다.

정치란
지금 당장의 이득보다
다음 세대의 삶을 길게 그리는 일이다.

지금 안 보인다고
그 책임이 없는 것이 아니다.

지금 아이가 숨 쉬는 공기, 배우는 교육,
사는 집, 받을 일자리… 모두
지금 우리가 남기는 흔적들 속에서 시작된다.

그래서 나는 말한다.
표는 오늘로 끝나지만, 삶은 내일로 계속된다.
정치는
비난받을 줄 알고도
긴 눈을 가진 사람의 용기로 완성된다.
눈앞의 박수는 거절해도
미래 세대의 삶에 떳떳할 수 있어야 한다.
그러니 이제는 보라.
당장의 표보다 다음 세대의 삶을.
그 눈이 있는 정치가, 진짜 지도자다.

박수에 취하면 미래는 보이지 않는다

— 정치가 들떠 있을 때, 미래는 조용히 멀어진다 —

연설이 끝나자
박수가 쏟아졌다. 환호와 웃음,
카메라 플래시와 악수.

그는 웃었다.
박수가 곧 신뢰라고 믿었고 인기가 곧 능력이라 착각했다.
그날 그는
한 문장도 책임지지 않았고
한 명도 미래를 언급하지 않았지만 박수는 멈추지 않았다.
정치는
박수를 받기 쉬운 자리다. 오늘만 보면 된다.
지금만 채우면 된다. 소리만 크게 내면 된다.
그러나
그 박수의 반대편엔 다음 세대의 한숨이 있고
청년의 침묵이 있고 아이들의 불안이 있다.
박수는 잠시,
그러나 미래는 길다.
소란은 강렬하지만 침묵이 진실을 말한다.
진짜 정치는
박수에 흔들리지 않는 사람, 눈앞의 환호 대신

먼 길의 비를 견디는 사람의 것이다.

대중은 감동에 약하고 정치는 박수에 중독되지만
미래는 냉정하다.
그 환호 속에 무엇을 준비했는지를 기억한다.
그러니
이제는 배워야 한다. 박수가 많을수록
스스로를 더 조심해야 한다. 정치란
지지율에 취하지 않고 내일을 망치지 않는 용기다.
박수에 취하면
미래는 보이지 않는다.
그때의 기분은 좋을지 몰라도,
그때의 결정은 아이들의 삶을 바꾼다.

선거는 면죄부가 아니다

– 지도자의 죄는 박수가 아니라 반성으로 덮어야 한다 –

그는 이겼다.
선거에서, 지지율에서, 표에서.
그리고 말한다.
"국민이 나를 선택했다. 이제는 덮자."
그러나 말하자. 선거의 승리는
당신의 죄를 사한 적이 없다.
표는 권력을 줄 수는 있어도 양심을 씻어주진 못한다.
잘못이 있다면 어느 날이든,
그것은 갚을 일이다.

국민은 성실히 산다.
세금 한 푼도 가볍지 않게 내며
신호 한 번 어기지 않으려 애쓰며 조용히, 묵묵히,
도덕을 지키며 살아간다.

그래서 지도자는
더 도덕적이어야 한다. 법망을 피했다고
정의까지 피해간 것은 아니며, 이미 벌을 받았다고
신뢰까지 회복된 것은 아니다.

진짜 용서는 반성에서 시작된다.
국민은 완벽한 사람을 원하지 않는다.
다만, 죄를 죄로 인정하는 사람을 원한다.
그렇게 처절하게 자신을 돌아보는 사람.

덮는다고 덮어질 일이 아니다. 기억은 시간이 지나도
정확히 남는다. 면죄부를 받았다고
죄가 사라지는 것은 아니다.

우리는 미래를 원한다.
우리 아들딸들이 존경할 수 있는 사람,
본받을 수 있는 지도자.
그런 사람을 기다린다.

정치는 죄를 덮는 자리가 아니라
진심을 꺼내는 자리여야 한다. 박수가 아니라
책임으로 무거워지는 자리여야 한다.

지도자는 국민보다 더 도덕적이어야 한다

– 권력은 면허가 아니다, 더 무거운 책임이다 –

국민은
매일 출근하고 세금을 내고 줄을 서고
법을 지키며 산다.

그리고 조용히,
도덕을 실천하며 살아간다. 잘못이 있으면
미안하다고 말하고 죄를 지으면
벌을 받는다.

그런 국민 위에 서는 자— 그는 더 도덕적이어야 한다.
왜냐하면,
그는 법을 만드는 자이기 때문이다.
그는 권력을 위임받은 자이기 때문이다.
그는 수많은 국민의 삶을
한마디로 움직일 수 있는 사람이기 때문이다.

그러나 우리는 본다. 지도자가
국민보다 느슨한 기준으로 자신을 면제하며 살아가는 걸.
죄를 죄라 하지 않고 실수라 말하고,
사과 대신 해명을 반복하며 도덕을 변명으로 대체하는 걸.

그럴수록
국민은 조용히 절망한다.
“우리는 왜 이렇게 살고 있는데….”

지도자는 높은 자리가 아니다. 더 무거운 책임의 자리다.
국민은 한 번의 실수로도 벌을 받지만 지도자는
국민의 신뢰로 존재하는 사람이다.
그 신뢰를 가볍게 여기는 순간, 그는 이미 지도자가 아니다.
그러니 말하자.
지도자는 국민보다 더 정직해야 하고, 더 조심해야 하고,
더 부끄러움을 알아야 한다.

도덕 없는 지도자는 강한 척할 순 있어도
오래갈 수는 없다.
지도자는 국민보다
더 도덕적이어야 한다. 그것이
신뢰라는 이름의 권위다.

국민은 법 앞에 서고,
지도자는 도덕 앞에 서야 한다

— 법보다 높은 자리엔, 더 낮은 고개가 있어야 한다 —

국민은 법 앞에 선다.
지각해도 벌금을 내고, 신호를 어기면 면허를 잃고,
말 한마디에 고소를 당할 수도 있다.

그들은 매일
법을 지키며 살아간다.
그것이 사회의 약속이라 믿기에.

하지만
지도자는 어디에 서는가?
그는 말한다.
"나는 법을 어기지 않았다." 그러나
그의 말은 바뀌었고, 그의 행동은 회피였으며,
그의 태도는 도덕 바깥에 있었다.

국민이 법 앞에 선다면, 지도자는 도덕 앞에 서야 한다.
법은 최소한이고
도덕은 본질이기 때문이다.

법은 ‘하지 말라’고 하지만
도덕은 ‘그럴 수 없다’고 말한다.
법은 벌을 주지만
도덕은 신뢰를 주고,
또는 앗아간다.

국민은 법 없이 못 살지만
지도자는 도덕 없이 설 수 없다.
그가 법만 지켰다고 면죄부를 받는 순간,
정치는 불의에 관대한 체제가 된다.

법을 지키는 것은 당연하다. 그러나
지도자의 당연은 더 높아야 한다.
그는 말보다 태도로, 권한보다 겸손으로
신뢰를 만들어야 한다.
법은 국민의 울타리. 도덕은 지도자의 나침반.
그래서 우리는 말한다. 국민은 법 앞에 서고,
지도자는 도덕 앞에 서야 한다. 그 자리를 바꾸는 순간,
국민은 그를 내려놓을 것이다.

정치인은 표로 용서받지 않는다

그는 돌아왔다.
전과를 등에 지고도, 거짓말을 되풀이했어도,
폭언과 음주와 갑질로 수많은 기록을 남겼어도—
다시 출마했고, 다시 당선되었다. 그리고 말했다.
"국민이 나를 용서했다."

그러나,
정치인은 표로 용서받지 않는다. 그 표는
누군가에겐 최선이었고, 누군가에겐 차악이었으며,
누군가에겐 단념이었다.
표는 선택이지, 면죄부가 아니다.
당선은 기회이지, 면책이 아니다.
그가 받은 것은 자리이지 정의가 아니다.
그가 오른 것은 단상이지 도덕이 아니다.
정치인은 잊어도 국민은 기억한다. 그리고 기억은,
언젠가 행동으로 돌아온다.

진짜 용서는 사과와 반성,
그리고 달라진 태도로 이루어진다. 그러나 그는
과거를 변명하고 현재를 왜곡하며 미래를 포장한다.
정치는 책임의 무게를 견디는 자리다.

그래서 정치인은 표로 용서받지 않는다.
그는 오직 태도로, 정직함으로,
겸손함으로만 용서받는다.

당선은 시작이지 면제는 아니다

– 선택은 용서가 아니며, 시작은 사면이 아니다 –

그는 웃는다.
손을 흔들고, 꽃다발을 받고, 지지자들 앞에서 말한다.
"국민이 나를 선택했다." 그리고 속으로 중얼거린다.
"이제, 지난 일은 끝났다."
하지만 그건 착각이다. 당선은 시작이지, 면제가 아니다.
그가 올라선 자리는
새로 시작된 책임의 무게지 지나간 과오의 면허가 아니다.
선택받았다는 건
다시 믿어주겠다는 뜻이지 잊어주겠다는 뜻은 아니다.
국민은
그의 이름에 동그라미를 쳤지만
그의 잘못에 지우개를 대진 않았다.
과거는 남아 있고 기록은 남아 있으며 그가 바뀌지 않는 한
미래는 빚진 상태로 시작된다.

그러니 선거의 끝은
책임의 시작이다. 당선의 기쁨은
반성의 겸손으로 눌러야 한다.
국민은 허락했다.
"당신이 다시 한번 해보라." 하지만 경고도 함께 남겼다.

"이번에도 그러면, 다음은 없다."

당선은 왕관이 아니다. 그것은
신뢰의 사슬이다.
풀리지 않으면 무게가 되고, 거짓으로 덮으면
쇠사슬이 된다.
그러니 기억하라. 당선은 시작이지, 면제는 아니다.
지도자는 이제야 시험대에 오른 것이다.

권력은 임시직이다

그는 앉았다.
높은 자리에. 깊은 의자에.
많은 사람 앞에서.

마치
영원히 그 자리에 있을 듯이. 법도 바꾸고,
사람도 바꾸고, 말도 바꿨다.
그러나 그는 잊었다. 권력은 임시직이다.
국민은 영원한 권한을 준 적이 없으며
기억의 계약서를 손에 쥐고 있다.
임기는 시작되었고
시계는 똑같은 속도로 흐른다. '한때'였던 이름들처럼
그도
머지않아 과거가 된다.

국민은 박수를 보냈지만 절대 잊지는 않았다. 허락했지만
맡긴 것이지
넘긴 것은 아니다.

그는 대단한 줄 알았지만 그 자리는 단지
국민의 손이 빌려준 책상 하나.

그 의자가 아무나 앉을 수 있는 건 아니라는 걸
그도 곧 알게 될 것이다.

권력은 계약이고, 책임이며,
끝을 전제로 한 자리다. 그걸 모르면
그 끝은 더욱 초라해진다.
그러니 기억하라. 국민은 절대
영원한 권력을 주지 않는다. 그들의 인내는 길지만 심판은
한순간에 내린다.

권력은 임시직이다. 영원한 건 없다. 남는 것은
당신이 어떻게 떠났는가, 그 한 줄이다.

모두 맞다는 말은 아무 말도 아니다

– 그 말에는 중심이 없고, 책임이 없다 –

회의실은 조용했다.
누군가는 분노했고, 누군가는 상처받았고,
누군가는 질문을 던졌다.
그때 그는 말했다.
"네 말도 맞고, 저 말도 맞습니다."

순간 모두 멈췄다. 그는 칭찬받았다.
"중립적이다." "포용적이다." "똑똑하다."

하지만 그 말에는 어느 누구의 고통도,
어느 누구의 책임도 없었다.

모두 맞는 말은
결국 아무 말도 아닌 말.
그 말은 방향을 주지 않고, 책임도 지지 않으며,
단지 오늘을 피하는 기술일 뿐.

정치는 갈등 앞에서 선택을 해야 하는 자리다.
균형이란 이름으로 양비론을 펼치는 순간 진실은 무너지고
기억은 희미해진다.

모두 맞다는 말은 사실상
'나는 누구의 편도 아니다'가 아니라
'나는 아무도 책임지고 싶지 않다'는 고백이다.

중립이란
한 걸음 뒤에서
진실을 지켜보는 것이 아니라,
가장 조용히 중심을 지키는 고통을 선택하는 일이다.

그러니,
모두 맞다는 말은 가장 무서운 회피다.
아무 말도 하지 않는 것보다 더 비겁한 말이다.
정치는 말로 존재하지만 말로 살아남을 수는 없다.
남는 것은 언제나 그 말이
어디에 서 있었는가, 누구를 지켰는가,
그리고 무엇을 외면했는가.

정치인의 말은 칼이 아니라 빚이다

– 그가 뱉은 한마디는 국민에게 갚아야 할 채무다 –

정치인은 말했다.
"나는 책임지겠습니다." "반드시 해내겠습니다."
"국민을 위해 살겠습니다."
그리고 떠났다.
다음 회의로, 다음 연설로, 다음 표를 위해.
그러나 말은 남았다. 그가 던진 한 문장,
그 말은 사라지지 않았다.
말은
칼처럼 베어내는 무기가 아니다.
그것은 국민 앞에 쓰는 서약서이며,
기억 속에 적히는 채무다.
"해야 한다."라는 말은
그 순간부터 '하지 않으면 안 되는 약속'이 되고,
"책임지겠다."라는 말은
그의 임기 전체에 걸친 채무 문장이 된다.
정치는 말로 시작되지만 말로 끝나선 안 된다.
그 말은 행동으로 지불돼야 하고,
행동은 신뢰로 회수돼야 한다.
그러나 많은 정치인들이 말을 칼처럼 쓴다.
상대를 공격하고, 국민을 속이고,

단어를 조작하고, 진심을 연기한다.
그렇게 칼을 휘두르다
자신의 말에 찔리는 날이 온다.

왜냐하면
정치인의 말은 칼이 아니라 빚이기 때문이다.
그는 국민에게 빚졌고,
그 빚은 투표가 아니라 행동으로만 갚을 수 있다.
말은 시작이 아니다.
말은 증명해야 하는 책무이고, 그 책무가 지켜지지 않을 때
말은 가장 무서운 거짓이 된다.
그래서 우리는 외친다.
말하지 말고, 말한 대로 하라고.
정치인의 말은 칼이 아니라 갚아야 할 빚이라고.

말은 시작일 뿐, 끝은 행동이다

— 말은 태어나지만, 행동으로 자란다 —

그는 말했다.
국민을 위해, 정의를 위해, 미래를 위해.
말은 달콤했다. 눈물을 끌었고,
박수를 불렀고, 신문에 실렸다.
그러나 며칠 뒤
그 말은 아무것도 아니었다.
그 자리에 법은 없었고, 정의도 없었고,
국민은 또 외면당했다.

그래서 우리는 이제 안다. 말은 시작일 뿐이다.
정치는 말로 시작하지만, 행동으로만 완성된다.
말이 아무리 높아도 행동이 낮으면
그 말은 무너진다.

말이 아무리 반듯해도 행동이 비뚤면
그 말은 뒤통수를 때린다.

국민은 말에 감동하지 않는다. 국민은 행동에 신뢰한다.
정치는
웅변이 아니라 실천이고,

공약이 아니라 실현이며,
약속이 아니라 결과다.
"하겠습니다."는 출발선일 뿐.
"했습니다."로 끝내지 못한다면
그 말은
또 하나의 속임수에 불과하다.
그래서 우리는 묻는다. "말한 대로 했는가?" 그 한마디가
당신의 진심 전부다.
말은 시작일 뿐이다. 끝은 언제나 행동이다.
그리고 그 행동이
당신을 기억하게 만든다.

공약은 약속이고, 투표는 이성이다

— 말은 종이 위에서 시작하지만, 삶에서 끝나야 한다 —

정치인은 말한다.
"반드시 지키겠습니다."
"그 약속, 생명처럼 안고 갑니다."

그리고 사라진다.
임기가 끝나기 전에, 공약이 끝나기도 전에.
공약은 남는다. 한 줄의 글씨로,
한 장의 팸플릿으로.
하지만 누구도 묻지 않는다. 지켰는가, 아니었는가.
검증되지 않는 공약은 거짓보다 더 나쁘다. 왜냐하면
기억을 파괴하고,
신뢰를 흐리기 때문이다.

정치란 말의 경쟁이 아니라 진심의 검증이어야 한다.
그렇기에 우리는
토론을 보고, 묻고, 따져야 한다.

투표는 감정이 아니라 이성의 실험실이어야 한다.
"잘생겼다." "사이다다." "한마디 잘했다."
이런 말에 마음이 흔들린다면

나의 한 표는 미래가 아닌
기분에 쏟아지는 물방울일 뿐이다.

내 인생이 감정이 아닌
원칙 위에 세워지길 바란다면,
나의 한 표도 그렇게 사용돼야 한다.

공약은 지켜질 약속이어야 하고 빈말이 반복되지 않도록,
우리는 기억하고 따져야 한다.
정치는
수치의 싸움이 아니라 신뢰의 기록이고,
투표는 감정의 표출이 아니라 이성의 판단이다.

검증 없는 약속은 독이 된다

– 말은 희망처럼 들리고, 나중에 상처가 된다 –

그는 말했다.
“하겠습니다.” “변화시키겠습니다.”
“반드시 지켜드리겠습니다.”
사람들은 박수쳤다. 꿈을 보았고, 기대를 품었다.
하지만
그 말은 묻히고,
그 약속은 가려졌다. 임기가 끝나도
아무도 따지지 않았다.

검증되지 않은 약속은 희망의 얼굴을 한 독이다.
천천히 퍼지고,
조용히 망치고,
결국 국민의 삶을 병들게 한다.

정치는 말을 남기고, 국민은 그 말을 기억한다. 그러나
기억은 시간이 흐르면 무뎌지고,
그 무뎌짐 속에 거짓이 자란다.
그래서 우리는 묻고, 따지고,
기록해야 한다.

공약은 시작이 아니라 시험이고,
그 시험은 투표 전에 끝나야 한다.
그가 해온 것,
그가 이룬 것,
그가 감추려 한 것까지—

검증 없는 약속은 정치의 언어가 아니라 국민의 상처다.
우리는 화려한 말보다
지켜진 약속을 기억한다.

정치는 책임이고, 공약은 채무며, 검증은 해독이다.
그래서 말한다. 검증 없는 약속은 독이 된다.
그 독은
다음 세대에게도 흘러간다.

거짓을 덮은 침묵이 국민을 병들게 한다

— 말하지 않는 자, 이미 함께 저지른 자 —

어느 날
거짓이 퍼졌다.
작은 말 한마디, 숨긴 서류 한 장, 눈 감은 뉴스 하나.
그다음 날
아무도 말하지 않았다.
책임자는 침묵했고, 언론은 외면했고, 정치인은 말을 돌렸다.
그리고 그 거짓은
더 이상 거짓이 아니게 되었다.
사람들은 잊었고, 기록은 흐려졌고, 진실은 사라졌다.
침묵은 중립이 아니다. 그것은 선택이다.
무엇을 덮을지, 누구를 지킬지,
어디에 설지를 결정하는 침묵.

그 침묵은
국민의 분노를 마르게 하고, 기억을 무디게 하며,
정의를 지우는 고요한 독이 된다.

병은
한순간에 오지 않는다.
침묵이 거짓을 키우고, 거짓이 구조가 되고,

구조가 삶을 병들게 한다.
우리는 알고 있다. 말하지 않으면 그것은 끝이 아니라
더 큰 거짓의 시작이라는 것을.

그래서 우리는 말해야 한다. 작은 거짓에도,
작은 침묵에도
"그건 잘못이다."라고.

왜냐하면
거짓은 날카롭지만, 침묵은 깊고 오래간다.
거짓을 덮은 침묵이 국민을 병들게 한다.
그 병은 민주주의를 잠재우고,
우리 아이들의 미래를 희미하게 만든다.

침묵은 거짓의 방조다

– 아무 말도 하지 않는 그 순간, 정의는 무너진다 –

거짓은
처음엔 작고 불안했다. 눈빛을 피했고, 속삭였으며,
의심을 두려워했다.

그러나
그 옆에 누군가 말하지 않았다.
"그건 잘못이다."라는 말 한마디를 끝내 꺼내지 않았다.
그리고 거짓은 자랐다. 당당해졌고,
마치 진실처럼 행동했고, 제도 위에 앉았다.
그 침묵이 없었다면
그 거짓은 거기까지 가지 못했을 것이다.

우리는 자주 이렇게 말한다.
"나는 말하지 않았을 뿐이다." "나는 몰랐다."
"나는 그저 지켜봤을 뿐이다."

하지만 세상은 안다. 침묵이란 방조다.
눈감은 순간부터 이미 공범이다.

거짓을 보았을 때 말하지 않았다면, 그 순간

정의는 한 칸 뒤로 밀리고 불의는 한 계단 올라선다.
정치는 거대한 말로 움직이지 않는다.
작은 침묵 하나로 무너질 수도 있다.
그리고 그 침묵이 모이면
법은 도구가 되고, 권력은 가면을 쓰고, 국민은 속는다.
그러니 기억하라.
침묵은 중립이 아니라 선택이다.
그 선택은 진실을 배신한다.
우리는 외쳐야 한다. 작은 부정에도, 숨겨진 거짓에도,
"그건 아니다."라고.

왜냐하면
침묵은 거짓의 방조다. 말하지 않는 사이,
진실은 사라지고 세상은 병들어 간다.

중립은 선택일 수 있지만, 침묵은 죄다

– 가만히 있다는 말로, 아무 죄도 없다 말하지 마라 –

세상은 물었다.
“당신은 어느 편입니까?” 그는 답했다.
“나는 중립입니다.”

어떤 이는 고개를 끄덕였고, 어떤 이는 박수를 보냈다.
하지만 그가 중립이라 말하던 그날, 거짓은 자라고 있었고,
진실은 묻히고 있었으며,
누군가는 고통을 외면당하고 있었다.

중립은 때로
고통의 중심에서 진실을 지키는 일이다.
양쪽의 칼날 사이에서
피 흘려가며 중심을 세우는 용기다.

그러나 침묵은 아니다. 침묵은
진실 앞에서 고개를 돌리는 일이며,
불의 앞에서 눈을 감는 일이다.
그가 말하지 않는 사이, 거짓은 확신을 얻고,
권력은 오만해졌으며, 국민은 외로워졌다.
“나는 가만히 있었다.”라는 말은 증거가 아니라 알리바이다.

도움이 아니라 방조다.
중립은 용기일 수 있다.
하지만 침묵은 면죄부가 아니다. 그것은 진실을 죽인 날,
내가 지니고 있었던 마지막 양심의 흔적이다.
우리는 말해야 한다. 옳은 것 앞에서, 아픈 것 옆에서,
거짓을 향해, "아니다."라고.
왜냐하면
중립은 선택일 수 있지만, 침묵은 죄다.
그 죄는
기억을 죽이고, 정의를 늦추고,
민주주의를 병들게 한다.

말하지 않는 정의는 존재할 수 없다

– 말하지 않는 정의는 결국 불의의 침묵이 된다 –

정의는
조용히 마음속에만 존재할 수 없다. 그것은
입 밖으로 나와야만 존재할 수 있는 생물이다.
속으로만 외치는 정의는 울리지 않는다.
흔들리지도 않는다. 바꾸지도 못한다.
정의는 말로 시작되고, 행동으로 확장되며,
침묵 속에선 시들고 죽는다.

"나는 정의로운 사람이다."
그 말 한마디보다 더 중요한 건, 정의롭지 못한 순간에
무엇을 말했는가이다.

불의가 누군가를 짓밟을 때, 소외된 이가 울음을 삼킬 때,
권력이 진실을 덮을 때, 당신은 말했는가.
정의는
단지 옳은 생각이 아니다. 옳다고 외칠 수 있는 용기다.
옳지 않다고 말하는 선택이다.
말하지 않는 정의는
거울 없는 얼굴처럼 흐려지고, 책임 없는 말처럼 사라진다.
우리는 알아야 한다. 정의는 외쳐야 존재한다.

그 외침이 없을 때, 세상은 그 자리를 거짓으로 채운다.
침묵은 중립이 아니라 정의를 포기한 시간이다.
말하지 않는 정의는 존재하지 않는다.
그러니 우리는 작은 불의에도, 은밀한 거짓에도
크게 외쳐야 한다.
그것은 틀렸다고.

왜냐하면
말하지 않는 정의는 존재할 수 없기 때문이다.

말하지 않으면 진실도 사라진다

— 입을 다물면, 거짓이 입을 연다 —

진실은 늘 그 자리에 있다. 그러나
그 자리가 지워지는 건 말하지 않기 때문이다.
진실은 숨겨진다 해도 살아 있다. 하지만
말하지 않으면 기억에서 사라지고,
기억에서 사라지면 역사도 눈을 감는다.
거짓은
늘 말이 빠르다. 큰 소리로 외친다.
그리고 진실은 조용히 밀려난다.
왜냐하면, 아무도 말하지 않기 때문이다.

우리는 말해야 한다.
작은 진실에도, 불편한 진실에도, 불리한 진실에도.
말하지 않으면 진실은 사라지고, 그 자리를
거짓이 채운다.

정치는 말 위에 서고, 기억은 말로 이어지며,
민주주의는 말할 수 있는 용기 위에 세워진다.

그러니
입을 다무는 순간, 우리는 진실을 배신한다.

그리고 그 순간부터 진실은 존재하지 않는다.
기록되지 않은 진실은 말하지 않은 진실보다
더 빨리 사라진다.
우리는 말해야 한다. 기억하기 위해, 지키기 위해,
살아있다는 것을 증명하기 위해.
왜냐하면 말하지 않으면,
진실도 사라진다.

말은 무책임하게, 믿음은 맹목적으로

– 정치의 광장에 놓인 AI, 활주로, 그리고 드론 병력 없는 세계 –

그는 말했습니다.
"세금 필요 없어요. 엔비디아 하나 만들면 되죠.
30%는 국민 겁니다."
만들 방법은요?
아니, 그건 중요한 게 아니랍니다. 이미 생긴 걸로 치고,
나눠 먹을 궁리부터 시작하자고요.

그는 또 말했습니다. "군인은 왜 있죠?
저 막사에서 세월만 낭비하잖아요."

드론이 있잖아요.
버튼만 누르면 전쟁도 끝이래요. 전쟁이 게임인 줄 아는
정치의 초보, 국민의 실험대.

그리고 활주로 없는 세상?
"이젠 수직으로 뜨는 시대랍니다."
이제 활주로가 필요 없대요. 이륙은 쉬워도
착륙은 아무도 얘기하지 않죠.

그의 말엔 논리가 없지만, 믿는 사람들은 많습니다.

듣고 싶은 말만 골라듣는 이들,
보고 싶은 것만 확대하는 눈들,
현실을 외면한 희망 중독자들.
그렇게
괴물은 자라납니다. 말로 자라고, 망각으로 살찌고,
믿음으로 날개를 달죠.

세상은 옳은 말로만 움직이지 않습니다. 거짓이라도,
달콤하면 박수는 쏟아지니까요.

에디는 걱정합니다.
이게 단지 나의 우려가 아니길, 누군가는 깨어 있길,
그 무논리의 폭풍 속에서 정신의 바람이 불어오길.

논리가 실종된 정치의 광장

– 외친 자가 옳고, 생각한 자가 외면당하는 곳 –

광장엔 논리가 없습니다.
이제
큰 목소리가 이깁니다. 긴 설명은 지고요.
"AI가 국방을 대신할 겁니다."
"하늘을 나는 차가 내일 나옵니다."
"엔비디아 같은 기업 하나면 세금 안 내도 돼요."

정말입니까?
"그런 기분이 듭니다." 그렇게 말한답니다.
정책은 드라마처럼 짜이고, 기획은 쇼처럼 연출됩니다.
논리보다 느낌이 중요하고,
근거보다 박자가 더 절실한 세상.
광장은 환호합니다. 말도 안 되는 말에, 희망이 아니라
환각에 가까운 말들에.

"그는 미래를 봅니다." 아니,
그는 현실을 무시합니다. 현실은 복잡하고,
미래는 모호하니까요.
그래서 말은 간단하고 거칠수록 믿기 쉬워집니다.
그가 틀렸다는 걸 아는 사람들도 입을 닫습니다.

"괜히 나섰다가 괴물이 되지 않으려면…."

그래서 광장은
토론을 잃고, 논리를 잃고, 현실을 잃었습니다.
남은 것은 박수 소리와 카메라 앵글과
믿고 싶은 것만 믿는 청중들.

이곳은
논리가 실종된 정치의 광장, 정치 초보의 유토피아이자
국민 모두의 디스토피아.

이기적 집단의 환호는 논리를 삼킨다

– 귀를 막고, 입만 연 그들의 광장 –

"우리는 그의 말을 믿습니다!" 박수가 터집니다.
진실은 묻히고, 논리는 짓밟히고,
이익은 박수 위에 춤춥니다.

그가 말합니다.
"세금 없이 살게 해주겠다." "군대 필요 없다."
"미래는 수직으로 뜹니다."

말은 허공을 떠돌지만 환호는 땅을 흔들고, 그 땅 위에
거짓의 궁전이 세워집니다.

질문은 없습니다. 비판은 배신이고, 침묵은 충성이 됩니다.
비판한 자는 '이상한 사람'이 되고,
논리적인 자는 '냉소적인 자'가 됩니다.
그들이 원하는 건 정책이 아니라 착각,
비전이 아니라 위로, 현실이 아니라 환상.
그래서 그가 무슨 말을 해도 괜찮습니다.
"우리 편이니까요."
이기심으로 짜인 깃발, 자기 이익만을 외치는 입, 그 안에서
논리는 외롭고, 진실은 쫓겨납니다.

그 환호는
나라를 위한 것이 아니고, 미래를 위한 것도 아니고,
오늘의 나만을 위한 소음일 뿐.
그들은 말합니다. "우리가 다수다." 맞습니다.
그러나 다수의 환호가 진실은 아닙니다. 집단의 이기심은,
가장 위험한 선동이 됩니다.
이기적 집단의 환호는 결국
논리를 삼키고, 진실을 토막 내고, 미래를 갉아먹습니다.

민주주의를 가장한 선동정치

― 절차는 있었지만, 진실은 없었다 ―

그들은 투표를 말하고,
절차를 외친다. 민주주의라고 주장한다.
하지만
그 속에 논리는 없다. 그 속에 진심은 없다.
그 속에 사람은 없다.
감정을 부추기고, 분노를 불러내고, 거짓을 껴안은 채
민주주의의 옷을 입는다.

사람들은 착각한다.
박수가 많으면 진실이라 믿는다.
함성이 크면 정의라 여긴다. 그러나 그건 선동이다.
가짜 민주주의다.

온도가 오른다. 감정이 먼저고, 팩트는 뒤따른다.
마침내 인간성은
천천히, 조용히 녹아내린다.

서로가 서로를 믿지 못하는 사회,
다른 생각은 적으로 간주되는 광장,
이것이 민주주의인가?

이것은 민주주의를 가장한 선동이다.
절차는 있었지만, 정의는 없었다.
투표는 했지만, 생각은 없었다.
그 누구도 책임지지 않는 말들,
그 누구도 멈추지 않는 소음, 그 속에서
우리는 인간성을 잃어가고 있다.

지구의 온난화처럼 민주주의의 냉각도 서서히 찾아온다.
언젠가 붕괴할지도 모른다는 두려움이
서늘하게 등을 감싼다.
그날이 오기 전에 우리는 물어야 한다.
당신이 말하는 민주주의, 그건 누구를 위한 것인가.

가짜 민주주의, 진짜 위기

– 절차는 남고, 사람은 사라진 곳에서 –

선거는 했다.
토론도 있었다. 뉴스도 넘쳐났고,
광장엔 사람도 가득했다.

민주주의 같았다. 겉보기엔.
그러나 그 속은 질문이 없는 질문, 논쟁이 없는 토론,
거짓을 유포하는 언론, 목소리만 큰 광장이었다.
민주주의는 '형식'이 아니다.
생각이 살아 숨 쉬는 공간이어야 한다.
반대가 배척당하지 않는 언어의 공동체여야 한다.
그런데 지금, "다르면 적이다." "비판은 배신이다."
그래서 우리는 침묵한다.
그 침묵 속에서 위기는 자란다.

정치는 점점 '쇼'가 되고, 토론은 '편집'이 되며,
국민은 '콘텐츠'가 된다.
우리가 마주한 이 위기, 겉으로는 민주주의를 말하지만
속으로는 민주주의를 해체한다.
왜냐하면
진짜 민주주의는 생각하게 만들고, 듣게 만들고,

함께 움직이게 하기 때문이다.

그러나 가짜는 다르다. 생각을 멈추게 하고, 소리만 키우며,
편 가르기를 통해 권력을 만들고, 그 위에서 웃는다.
진짜 민주주의는
지금 위기 속에 있다. 가짜의 옷을 입은 자들이
진실을 밀어내고 있기 때문이다.
우리가 잊지 말아야 할 한 줄,
"투표만으로 민주주의가 되지 않는다."

깊이 바라보고, 깊이 묻고,
깊이 싸워야 한다.

가짜 민주주의 속에서
진짜 위기를 살고 있는 지금,
우리는 진실을 되찾을 책임이 있다.

논리가 실종된 정치의 광장

– 누가 가장 잘 떠드는가의 경연장 –

여긴 정치의 광장.
토론장은 사라지고, 현수막만 나부낀다.
"민생! 혁신! 비전!"
거기 내용은 없다. 단어만 크다.
논리는 실종되었고, 감정만 진군한다.
팩트는 줄행랑치고, 유튜브 조회수는 대관식을 연다.

한 사람이 말한다. "군인은 이제 필요 없다."
또 다른 이는 외친다. "활주로도 곧 필요 없어질 것이다."
그런데 어쩌면 가장 무서운 건
그 말에 박수가 터진다는 것.

공감보다 간편한 선동, 질문보다 익숙한 조롱,
설명보다 더 빠른 단정.
누구도
"왜?"라고 묻지 않는다.
"그건 아니지 않나?"라고 되묻는 순간,
당신은 편 가르기의 적이 된다.

광장은 꽉 찼지만 생각은 비었다.

환호는 크지만 논리는 작다.
정치는 그 광장 위에 선다.
말을 잘해야 하는 게 아니라 말을 크게 해야 살아남는 곳.
여기선
침묵하는 양심보다
크게 외치는 무지가 당선된다.

그래서 묻는다. 이 나라의 방향은
가장 큰 목소리를 따라 정말 나아가고 있는가.

다수결이 정의가 아닌 순간

— 손을 든 숫자가 진실을 말하진 않는다 —

다수는 늘 옳은가?
손을 많이 든 쪽이 정의인가?
그날도 광장은 붐볐다.
소리 큰 이들이 손을 들었다. "우리가 더 많다!"
그래서 맞다, 라고 외쳤다.

그날 진실은 표결에서 졌다. 이성은
환호에 밀렸다.

다수결은
민주주의의 기술일 뿐, 진실의 증명은 아니다.
다수가 된다는 건 때로는
더 많은 무관심의 결합, 더 많은 왜곡의 결론,
더 많은 책임 없는 손짓이기도 하다.

"그도 표로 뽑혔다."라고 한다. 그러나
표로 덮을 수 없는 거짓과 죄가 있다.
다수가 외친다. "우리가 원했다."
그러나 역사는 되묻는다. "그래서 그게 정의였는가?"
다수결은

민주주의의 도구이지,
그 자체로 정의가 아니다.

정의는 때로
외로운 한 사람의 목소리이고, 작은 '아니오'의 용기다.
정말로 묻는다.
그날 우리가 들은 다수의 외침, 그건
진실이었는가, 아니면
익숙한 착각이었는가.

진실보다 편이 중요한 세상

– 누구의 말인가만 묻고, 무엇이 옳은가는 묻지 않는다 –

그는 옳은 말을 했다.
하지만
그의 편이 아니었다.
그래서 틀렸다, 라고 말한다.

또 다른 그는 거짓을 말했다. 하지만
우리 편이었다. 그래서 옳다, 라고 외친다.
진실은 사라지고 편이 남는다.
팩트보다 소속이 중요하고, 논리보다 진영이 앞선다.
이젠 누구도
무엇이 맞는지 묻지 않는다. 누가 말했는지만 궁금해한다.
"그는 좌파니까."
"그는 수구니까."
"그는 내 편이 아니니까."
그래서 옳아도 틀리고, 틀려도 옳다.
광장은 분열되고, 논쟁은 증오로 번지고,
진실은 말보다 먼저 버려진다.

진실은 외롭다.
어느 편에도 속하지 않기 때문이다.

그래서 누구도 그를 보호하지 않는다. 침묵 속에서
진실은 작아지고 편은 커진다.
그리하여 이 세상은
진실이 아닌 편으로 굴러간다. 더 이상 옳고 그름은 없다.
오직 '우리냐, 아니냐'만 남는다.

그날,
진실이 무너졌다는 것을 아무도 몰랐다.
모두가
자기편의 목소리만 들었기 때문이다.

우리는 누구의 말인가만 묻는다

— 말의 내용보다, 말한 사람의 깃발이 먼저다 —

그는 말했다. “거짓은 결국 무너진다.”
그러자 사람들이 물었다. “그거, 어느 편이 말했지?”
그녀는 말했다. “아이들을 위한 정치를 하자.”
사람들은 고개를 갸웃하며 물었다. “그녀, 그쪽 사람 아냐?”
우리는 이제 말의 무게보다
말한 이의 배경을 먼저 따진다. 진실은 중요하지 않다.
‘누가 말했는가’만 중요하다.

그가 내 편이라면
무슨 말을 해도 박수치고, 그가 상대라면
아무리 옳은 말이라도 외면한다.

진실은 이렇게
편 가르기 속에서 말라간다. 입은 있지만,
귀는 닫힌 광장. 말은 있지만, 대화는 없는 사회.
사람들은 더 이상
무엇이 옳은지 묻지 않는다. 오직
“그 말을 누가 했는가?”

그 질문 하나로 생각은 멈추고,

이성은 감정에 묻히고, 공론은 조롱이 된다.
그러다 우리는 어느 날,
진실을 완전히 잃게 될 것이다.
'말'을 보지 않고
'편'만 본 죄로.

대화는 사라지고 편만 남았다

– 말은 많아졌지만, 의미는 줄었다 –

사람들은 말한다.
끊임없이, 쉬지 않고.
뉴스에서, 토론에서, 댓글창에서.
말의 양은 넘치지만 대화는 없다.

서로를 향한 말이 아니라,
자기편을 향한 함성만 남았다.
"우리가 옳다" "너희는 틀렸다" 듣기 위한 말은
더 이상 존재하지 않는다.

대화는 질문에서 시작되지만 지금은 확인으로 시작된다.
"너, 어느 쪽이야?"
그 한마디면 충분하다. 대화는 거기서 멈춘다.
내용은 안 본다. 깃발만 본다.
생각은 안 듣는다. 진영만 본다.
그래서 말이 오가도 아무것도 전달되지 않는다.
우리는 말하지만 서로를 잃어간다.

이제 광장은 시끄럽지만, 텅 비어 있다.
말이란 이름의 무기만 날리고

사람과 사람 사이의 길은 끊겼다.
편만 남은 세상에서 우리는 말 대신, 구호를 외치고
생각 대신, 색깔을 묻는다.

그리고 자랑스럽게 말한다. “난 우리 편이야.”
그 말에는
이해도, 용서도, 희망도 없다.

귀는 닫고, 입만 여는 사회

– 들을 줄 모르는 자들이 지배하는 시대 –

말이 넘친다.
뉴스에서, 유튜브에서, 연설장에서.
입들은 지치지 않고 움직인다.
그러나 귀는, 모두 닫혀 있다. 누구도 듣지 않는다.
누구의 말도 기다려주지 않는다. 오직 말하기 위한 말,
이기기 위한 말, 침묵을 지우기 위한 말만 남았다.

"내가 말했으니, 너는 틀렸다."
"내 소리가 더 크니, 내 말이 맞다."
논리보다 음량이,
진실보다 속도가 중요해진 세상.

입이 많아진 사회는
의견이 풍성해진 사회가 아니다. 귀를 닫은 사람들만이
자신의 말에 도취된 사회다.

그리하여 질문은 사라지고,
대답은 준비되지 않은 채,
사방에서 쏟아지는 '의견 폭격' 속에 이해는 증발한다.
이제 우리는 묻는다.

"정말 중요한 말을, 누가 들어주고 있는가?"
모두가 말하려는 이 시대에 정말 필요한 건,
한 사람의 조용한 '경청'이었음을 이제야 깨닫는다.

진실보다 편이 중요한 세상

— 진실은 따분하고, 편은 뜨겁다 —

그는 말했다.
조용히, 조심스럽게.
근거를 들고, 증거를 내밀며. 하지만 사람들은 물었다.
"그 사람, 우리 편이야?"
그녀는 외쳤다. 확신 없는 주장, 사실 없는 선동,
그러나 사람들이 외쳤다. "맞아! 우리 편이잖아!"
이 세상은
이제 진실을 따지지 않는다. 누가 말했는지,
그 편이 우리 쪽인지 그게 전부다.
팩트는 길고, 편은 짧다. 진실은 복잡하고, 편은 단순하다.
그래서 사람들은
진실보다 편을 택한다.

진실은 입을 닫고, 편은 마이크를 쥔다. 정치는 진실을 꺾고,
언론은 편에 편승하고, 광장은 구호만 울린다.
"진실이 중요한가?" 누군가는 묻는다.
"중요하지. 하지만 지금은
우리 편이 더 중요해."

그 순간,
진실은 밀려난다. 역사는 기록되지만, 기억되지 않는다.

편은 바뀌지만, 진실은 남는다

– 권력은 순환하고, 진실은 기록된다 –

어제는 그가 옳았다. 그래서 박수쳤다.
오늘은 그가 틀렸다. 그래서 돌을 던졌다.
그러나 진실은 어제도 오늘도
같은 자리에 있었다.

정권은 바뀌고, 진영은 뒤바뀌고,
깃발은 새로 걸리지만 진실은
깃발을 달지 않는다.

한때는 의로웠던 말,
다음 날엔 부끄러운 언행. 그땐 옳았고,
지금은 틀렸다고 한다. 그러나 진실은
그때도 조용히 지켜보고 있었다.

편은 유리하다면 품고, 불리하면 내친다. 정의도, 도덕도
편의 논리에선 옵션이다.

그러나 진실은, 기록되고, 남고, 때가 되면 돌아온다.
그때 외면한 사람의 입을 막고,
그때 용기 낸 사람의 눈을 비춘다.

편은 바뀔 수 있다. 힘은 움직일 수 있다. 그러나
진실은 서서히, 그러나 반드시
모든 것을 제자리로 돌려놓는다.

권력은 유통기한이 있지만, 진실은 없다

— 시간이 증명하는 것은 결국 진실뿐이다 —

권력은
반짝인다.
빛나고, 휘두르고, 명령한다.
그러나 포장지 안엔 유통기한이 찍혀 있다.
그는 높은 자리에 올랐고, 많은 말을 남겼다.
카메라 앞에서, 현수막 아래서, 박수와 환호 속에서.
그러나
그 말들은
날짜가 지나면 부패했다. 그리고도 그는 말했다.
"그건 그때 이야기다."
그때의 진실은 침묵하고 있었다.
그러나 사라지지 않았다. 진실은 유통기한이 없다.
오래 묵혀도, 썩지 않는다.

진실은
기억 속에서 살아남는다.
어느 날 누군가의 손에 쥐어지고, 다시 빛을 받는다.
그때 권력은
한낱 과거의 뉴스가 된다.

그러나 진실은 과거가 아니라 미래로 걸어간다.
진실은 달리지 않는다. 서두르지도 않는다. 다만,
끝까지 간다. 그리고 돌아온다.
그리하여 우리는 묻는다. 지금의 권력은
몇 년짜리인가.
그 말의 유통기한은 언제까지인가. 그리고,
그 속에 진실은 있었는가.

진실은 때로 양쪽 모두를 불편하게 한다

– 그래서 진실은 언제나 혼자였다 –

진실이 말했다.
“나는 그의 잘못도, 너의 위선도 본다.” 그러자
모두 고개를 돌렸다.

한쪽은 외쳤다.
“왜 우리만 비판하나!” 다른 쪽도 분노했다.
“왜 저들은 더 심한데 침묵하나!” 진실은 조용히 서 있었다.
그 누구의 편도 아니기에.

진실은 편이 아니다. 진실은 논리다. 근거다.
때론 칼이고, 때론 거울이다. 그래서 아프고, 그래서 외롭다.
한쪽만 옳다고 믿는 이들은 진실을 원하지 않는다.
오직 자기 확신을 확인할 무언가를 찾을 뿐이다.
진실은 때때로 모두에게 불편하다. 모두를 비추기에.
모두의 허위를 드러내기에. 그래서
진실은 인기 없다. 그러나
진실은 변하지 않는다.
진실은 속삭인다.
“나는 너의 편이 아니다. 나는 옳음의 편이다.”

말하지 않은 진실도 죄가 된다

— 진실을 말하지 않는 자, 거짓과 다르지 않다 —

그는 알고 있었다.
거짓을, 조작을, 뒤에서 오간 음모를.
그러나 그는 말하지 않았다.

말하지 않은 이유는 다양했다.
"내 일이 아니니까."
"내가 말해도 달라질 게 없으니까."
"괜히 나만 손해 볼까 봐."
그러나 그 침묵은 진실의 목을 졸랐다.
말하지 않은 진실은 숨은 공범이 된다.
정의는 침묵 속에 썩어가고,
진실은 '무관심'이라는 흙 속에 묻힌다.
한 명의 거짓보다 열 명의 침묵이
더 많은 것을 무너뜨린다.

"나는 잘못하지 않았다."라고 말하며 입을 닫는 순간,
당신은 '진실의 죄'를 짓는 것이다.
말하지 않으면
없던 일이 되기 때문이다.

진실은 존재할 뿐
스스로 드러나지 않는다.
누군가의 입이 되어야 빛을 본다.
그래서 말하지 않은 진실은 존재하지 않은 것과 같다.
진실을 아는 자여, 입을 닫지 말라.
당신의 침묵이 세상을 병들게 한다.

거짓은 당신의 침묵을 먹고 자란다

– 말하지 않음은 무죄가 아니다 –

거짓은 처음엔
작은 균열이었다.
눈에 띄지 않을 만큼 미세했고,
누구도 그 틈을 말하지 않았다.
"뻔한 일이지." "괜히 나섰다가…."
그렇게 모두 고개를 돌렸다.

그러자 거짓은 조금 더 자랐다.
사실을 가리고, 기억을 비틀고,
사람들의 침묵을 먹으며 자라났다.
정의는 소리 없는 법정에서 졌고,
진실은 입을 닫은 사람들 속에서 점점 사라졌다.
거짓은 스스로 힘을 만들지 못한다.
당신의 외면이, 당신의 무관심이, 당신의 두려움이,
그 거짓의 식량이다.

"난 그저 지켜봤을 뿐이야."
"내가 말해봤자 바뀌는 것도 없고."
그 말이 모이고 모여 거짓은 더 뻔뻔해졌다.
더 커졌고, 더 당당해졌다.

그리하여
당신이 침묵한 그 순간, 거짓은 자랐다.
진실은 시들었다. 그리고 우리는,
스스로 그 괴물을 키웠다.

진실은 외롭고, 거짓은 군중 속에서 춤춘다

– 군중의 박수는 진실의 침묵을 덮는다 –

진실은 조용했다.
무대에 서지 않았고, 환호도 받지 않았다.
그저 한 귀퉁이에 앉아,
사라지는 사실을 지켜봤다.

한편, 거짓은 사방에서 불려 나왔다.
플래카드 위에 올라서고, 구호 속에 포장되고,
군중의 열기 속에서 춤을 췄다.

거짓은
말을 크게 했고, 표정을 과장했고,
슬로건처럼 리듬을 탔다. 박수와 손짓, 환호는
거짓을 진실처럼 보이게 했다.

진실은
사실을 말했다. 그래서 재미없었고,
그래서 무거웠고, 그래서 불편했다. 그리하여 아무도
그 곁에 오래 머물지 않았다.
거짓은
감정을 자극했고, 눈물을 연출했고,

희망과 공포를 교차시켰다. 그러자 군중은
기꺼이 그의 무대가 되었다.

진실은
군중 속에서 미아가 되었다.
소리치지 못했고, 노래하지 못했고, 그래서 잊혔다.
그리고 누군가 묻는다. "진실은 어디 있었는가?"
어쩌면 그는
그날 군중 속에
입을 다문 채 서 있었는지도 모른다.

많다고 옳은 것은 아니다

– 다수의 외침 속에서 사라지는 진실 하나 –

그들은 말했다.
“우리가 더 많다.” “우리의 생각이 민심이다.”
“우리의 분노가 정의다.” 그래서,
모두가 고개를 끄덕였다.

다수는
언제나 위로부터 내려온다. 소리로, 숫자로, 압박으로.
의견은 여론이 되고, 여론은 곧 진리가 된다.
그러나
진실은 손을 들었다. 작은 목소리로 말했다.
“나는… 아닙니다.” 그러자 사람들은 말한다.
‘왜 분위기 깨는 말을 하느냐’고.

많다는 이유로 틀린 것이
맞다고 여겨지고, 소수는 틀렸다고 찍혀 나간다.
진실은 점점 구석으로 밀린다.
많은 입은
하나의 입을 덮기 쉽다. 많은 박수는
고요한 이성을 압도한다. 그리고 많은 말 속에서
진실은 점점 들리지 않게 된다.

정치는 숫자를 계산하지만, 진실은 무게를 견딘다.
많다고 옳은 것이 아니라, 옳은 것이 많아져야 한다.
그러니
당신이 혼자라 해도 외치지 않으면
거짓은 늘 다수가 된다.

다수의 의견이 반드시 옳은 것은 아니다

– 숫자는 설득일 수 있어도, 증거는 아니다 –

많은 사람이
같은 방향을 손가락질할 때 그곳이 진실처럼 보인다.
의심은 배척되고,
침묵은 비겁함이 된다.

다수가 외칠 땐 틀린 말도 명언처럼 들린다.
공기를 장악한 목소리는 생각을 마비시킨다.
그러나 역사 속에서 진실은 언제나
적은 수였다.
처음엔 이상한 자였고, 때로는 배반자였다.
갈릴레이는 지구가 돈다 했고,
소크라테스는 독배를 들었으며,
수많은 '옳음'은 다수의 미움을 견딘 후에 비로소 빛났다.
다수는 설득력일 수 있지만, 진실은 증거여야 한다.
많다는 건 편하다는 뜻일 수 있어도,
옳다는 뜻은 아니다.

우리는 숫자를 세지 말고 근거를 세어야 한다.
우리는 박수를 들을 것이 아니라 질문을 해야 한다.
그리고 잊지 말자.
진리는 투표로 정해지지 않는다.

질문 없는 다수는 위험하다

– 생각 없는 다수는 선동의 가장 쉬운 먹잇감이다 –

그들은 많았다.
구호를 외쳤고, 깃발을 흔들었고, 누구보다 뜨거웠다.
그러나 묻지 않았다.
“왜 이 말을 믿는가?”
“어떻게 그 약속을 지킬 것인가?”
“무엇이 옳은가, 우리는 무엇을 향하는가?”
그 누구도 질문하지 않았다.
그저 따라갔다. 다수라는 안도감, 열기라는 확신 속에서
의심을 덮고, 이성을 지우고,
스스로의 판단을 포기했다.

그리하여
다수는 진실을 가리지 않았고, 거짓을 검증하지 않았고,
묻지 않는 다수는 권력에게 가장 쉬운 승리였다.

생각은 귀찮았고, 질문은 불편했으며, 침묵은 편리했다.
그렇게 탄생한 ‘우리는’은 자신도 모르게 무기가 되었다.
진실은 질문에서 시작된다. 정의는 의심 위에서 자란다.
질문이 없다는 것은
이미 생각을 멈췄다는 것이다.

질문 없는 다수는 국가의 위기다. 묻지 않는 다수는 지켜보는 소수보다 더 위험하다.

숫자가 생각을 대변하는 것은 아니다

– 많은 수는 많을 뿐, 옳은 건 아니다 –

수치가 앞섰다고
생각이 깊은 건 아니다. 지지율이 높다고
도덕이 높아진 건 아니다.
득표수가 진심을 증명하진 않는다.
숫자는
가장 손쉬운 설득이고, 가장 불완전한 확신이다.
우리는 너무 자주
숫자를 보고 고개를 끄덕인다.

"그를 지지한 사람이 많으니, 그가 옳은 거야."
"많이 팔렸으니, 좋은 책일 거야."
"팔로워가 많으니, 믿을 만한 사람이지."
그러나
생각은 수량이 아니다.
가치는 계산으로 오지 않는다.
숫자가 말하지 않는 것들을 묻지 않는다면,
우리는 생각하지 않는 존재가 된다.

숫자는
사실일 수 있지만, 진실은 아니다.

숫자는

현상일 수 있지만, 본질은 아니다.

진짜 생각은

많이 모였다고 완성되지 않는다. 오히려

깊게 파고든 소수의 물음에서 시작된다.

그러니 묻자.

그 숫자가 말하지 않은 것들은 무엇인가?

우리는

수치가 아닌 생각으로 살아야 한다.

무지한 열정은 위험하다

— 공부 없는 분노는, 가장 위험한 정의다 —

그들은 뜨거웠다.
거침없이 외쳤고, 물러서지 않았고,
옳은 일을 하고 있다는 확신으로 가득했다.
그러나
그 확신엔 질문이 없었고, 근거는 비문이었고,
사실은 누락되어 있었다.
무지의 언덕에서 정의를 외쳤다.

누군가 조용히 말했다.
"잠깐, 그게 맞는 말인가요?"
그러자 열정은 분노로 바뀌었고,
분노는 비난이 되었고, 비난은 배척이 되었다.
생각 없는 열정은 경계가 없고,
검증 없는 열정은 방향이 없다. 그래서 그들은,
묻지 않고 믿고, 읽지 않고 외웠다.

진실은 공부 위에 있고,
정의는 이해 위에 있어야 한다.
무지한 열정은
불처럼 타오르지만 무엇이든 태워버릴 뿐이다.

그렇게 무지한 열정은
거짓의 연료가 되고, 선동의 도구가 된다.
자신이 누구를 위해 외치는지도 잊은 채.
열정이 아름다우려면
그 안에 질문이 있어야 한다.
진심이 힘이 되려면
생각이 길이 되어야 한다.

투표함에서 독재의 싹이 자란다

– 감성으로 찍은 표는, 이성을 거부한다 –

하얀 종이에
펜을 들고
누군가의 이름을 적는다. 그 순간,
미래의 권력이 태어난다.

그 권력은 처음엔 겸손했다.
국민을 섬기겠노라 머리를 숙이고,
봉사라는 이름으로 자리를 얻었다.
그러나
그 이름이 적힌 종이들이 산처럼 쌓였을 때,
그는 알았다. '이제 나는 누구보다 크다'고.
감성으로 던진 표는 논리를 무시했고,
소문으로 찍은 선택은 사실을 묻지 않았다.
그렇게 만들어진 권력은 질문을 싫어했다.
비판을 조롱했고, 토론을 회피했고,
말 바꾸기를 권리라 불렀다. 그리고 점점,
투표함을 기념비로 만들었다.
그는 외쳤다.
"나는 정당한 권력을 얻었다." "국민이 나를 선택했다."
그러나 그 싹은

독재의 줄기로 자랐다.

투표는 성스럽다. 그러나
묻지 않는 표, 감정의 표,
중독된 이름을 향한 표는 민주주의의 무덤이 될 수 있다.
투표함은 씨앗이다.
무엇을 심을지는
당신의 질문과 책임이다.

논리를 무시한 정치, 현실을 배신한 나라

– 감정으로 쌓은 권력은 무너질 수밖에 없다 –

정치는
이유보다 인기를 따랐다.
근거보다 구호를 외쳤고, 해결책보다 표심을 붙잡았다.
논리는 차가웠고, 그래서 외면당했다.

그들은 말했다.
"국민이 원하는 걸 주는 것이 정치다."
그러나 묻지 않았다.
"국민이 진짜로 원하는 것이 무엇인가."
현실은 그래서 뒤처졌다.
세금은 늘었고, 미래는 줄었으며,
갈등은 조정되지 않았고, 감정만 관리되었다.
논리를 잃은 정치인은 이념을 연극처럼 썼고,
감정을 선전처럼 뿌렸으며, 현실의 언어는
유튜브의 각본으로 바뀌었다.

이념의 문장은 논리를 배제했으며,
열광의 순간은 현실을 조롱했다.
결국, 진실은 퇴장하고 쇼만 남았다.
정치는 떠들썩했고, 나라는 조용히 무너졌다.

생산은 줄고, 신뢰는 닳고,
다음 세대는 외면당했다.

논리를 무시한 정치가 만든 나라의 결말은 언제나 같다.
현실의 배신,
그리고 역사의 심판.

감정을 이용하는 정치는 민심을 속인다

– 눈물 위에 쌓은 권력은 진심을 배신한다 –

정치는
먼저 울었다. 피해자의 옷을 입고, 눈물을 머금고,
연설문에 감정을 뿌렸다.

국민은 흔들렸다.
"저 사람은 진심이야."
"우리 마음을 알아주는 유일한 사람이야."
그러나 그 마음을 계산한 건
정치였다.

슬픔을 연출했고, 분노를 자극했으며, 희망을 팔았다.
진실은 줄였고, 공약은 부풀렸다.
감정을 흔들면 질문은 사라진다.
"왜?"라는 한마디보다 "맞아!"라는 외침이 더 빠르니까.
이성은 느리지만,
감정은 클릭 한 번이면 된다.

정치는 알고 있다.
눈물은 논리보다 강하고, 분노는 토론보다 빠르며,
희망은 근거 없이도 팔린다는 걸. 그래서 감정을 써먹는다.

그러나 민심은 감정이 아니다. 민심은 삶이다.
오늘의 고단함과
내일의 무게로 이루어진 지극히 현실적인 마음이다.
정치는 감정을 흔들지 말고 현실을 해결해야 한다.
민심은 이용당하는 것을 기억한다.
그리고 언젠가,
진짜로 분노할 것이다.

진실은 진영을 갖지 않는다

– 편에 속한 진실은 진실이 아니다 –

진실은
당을 고르지 않는다. 색을 입지 않고, 깃발을 들지 않으며,
말 많은 무리에 섞이지 않는다.

진영은 외친다.
"우리 쪽이 정의다!" "저들은 거짓이다!"
그러나 진실은 조용하다. 그 소음 속에서도
말을 아낀다.

한쪽이 진실을 주장할 때, 그 반대쪽은
진실을 묻는다. 그러나 진실은
양쪽 모두의 눈 밖에 날 준비가 되어 있다.

편이 강해질수록 진실은 약해진다.
논쟁이 격해질수록
진실은 중간에 눌려 숨이 막힌다.

진실은
어느 편에만 있지 않기에 불편하고,
양심을 찌르기에 외면당한다. 그래서 사람들은

진실보다 진영을 택한다.

하지만 기억하자.
진실은 언젠가 편을 잃더라도, 빛을 잃지 않는다.
진실은
표가 될 수 없고, 무기가 될 수 없고, 배너가 될 수 없다.
진실은 그냥 있다.
편이 사라진 자리, 그 중심에.

진영은 바뀌지만 진실은 변하지 않는다

– 사람은 말을 바꾸지만, 진실은 침묵 속에 남는다 –

어제는 외쳤다.
"정의는 저쪽에 있다!" 오늘은 말한다.
"정의는 우리다!" 깃발만 바뀌었을 뿐, 목소리는 그대로였다.
진영이 바뀌자 정의도 옮겨갔다.
거짓은 입장을 바꾸었고, 사과는 방향을 틀었다.
그들은 달라진 게 없다. 단지 편을 바꿨을 뿐이다.
하지만
진실은 말이 없었다.
어느 쪽에도 줄 서지 않았고, 어느 날에도 변명하지 않았다.
그저 침묵 속에서
한결같이 존재했다.

사람은 달라진다. 생각보다, 이익보다,
표보다 더 빨리 변한다. 그러나 진실은
그 변화 속에서조차 조용히 그 자리를 지킨다.
진영은
사람을 바꾸고, 명분을 바꾸고, 심지어 기억도 바꾼다.
그러나 진실은
기억을 버티는 바위다.

그래서
진영은 잊히고, 거짓은 지워져도
진실은 언젠가 돌처럼 드러난다.
진영의 외침은 요란해도
진실의 속삭임은 멈추지 않는다.
왜냐하면 진실은
승리보다 옳음을 택하니까.

권력은 소멸하지만 진실은 축적된다

– 권력은 잊히고, 진실은 남는다 –

권력은 빛났다.
누군가는 고개를 숙였고, 누군가는 눈을 감았다.
찬란한 조명 아래
진실은 그림자 속에 가려졌다.

시간이 흘렀다. 책상이 바뀌고, 깃발이 내려가고,
함성은 사라지고, 권력은 이름만 남았다.
그제야 사람들이 묻기 시작했다.
“그때 그 결정은 왜?” “그날의 침묵은 무엇을 감췄나?”
진실은 묻지 않아도 살아 있었던 것이다.

권력은 임기와 함께 끝났지만, 진실은
기억 속에 침전되었다. 눈물 속에,
기사의 행간에, 묻혔던 기록 속에.
누군가는 권력을 믿었고 누군가는 진실을 썼다.
그 글들이 모여 역사가 되었고,
그 역사가 세상을 다시 묻는다.

권력은 언젠가 사라진다.
그러나 진실은 사라지지 않는다.

그것은 쌓인다.

천천히, 조용히, 돌처럼 무겁게.

그리고 언젠가, 진실은

또 다른 권력을 향해 묻는다.

"너도 그렇게 사라질 것인가?"

소멸한 권력, 남겨진 진실

— 권력은 잊혔고, 진실은 남았다 —

그는 왕좌에 앉았고
모두가 고개를 숙였다.
마디마디 높아진 목소리엔 반대조차 숨죽였고,
정의도 그 앞에서 눈치를 보았다.

그러나 시간은
그의 이름을 내려놓았다.
책상은 다른 사람의 것이 되었고,
구호는 희미해졌으며,
권력은 그렇게 자취 없이 흘렀다.
남은 것은, 단 한 줄의 진실.
누군가 기록한 날짜, 누군가 던졌던 질문,
누군가 끝내 하지 못한 말.
진실은 그곳에 있었다.

눈부셨던 말들은 사라졌고 강렬했던 이미지도 희미해졌다.
그러나 감춰졌던 진실은 잊히지 않았다.
누군가는 속삭였다.
"그때, 그 결정은 잘못이었다."
"그 말은 거짓이었다."

"그 침묵은 죄였다."
그리고 모두가 알게 되었다.
권력은 사라져도,
진실은 남는다는 걸.

진실은
선거를 기다리지 않는다. 박수를 바라지 않는다. 오로지
사라진 것들 속에서 홀로 살아남는다.

조작된 통계로 진실을 덮을 순 없다

– 숫자는 말이 없고, 삶은 고함친다 –

보고서 위에 진실이 없었다.
그래프는 웃고 있었지만 거리에선 눈물이 났다.
숫자는 올라갔고,
삶은 무너졌다.

그들은 말했다.
“실업률이 낮아졌습니다.” “가계소득이 늘었습니다.”
“복지가 강화되었습니다.” 그러나 그 말들은
살아있는 언어가 아니었다.

팩트는 맞았지만, 진실은 틀렸다. 수치가 증명한 것은
현실이 아니라 기획이었다.

화려한 PPT, 현란한 도표,
색을 칠한 막대기 속에 없는 게 하나 있었다.
바로 사람.
통계는 숫자를 정리했을 뿐,
울지 못하는 노인을 버스비 앞에 세우진 않았다.
배고픈 아이의 빈 그릇을 채우진 않았다.

진실은 표 안에 없고,
사람들 얼굴 속에 있다.

숫자는 조작될 수 있어도 고통은 조작되지 않는다.
수치는 올라가도 삶이 무겁다면
그건 성공이 아니라 조작이다.

숫자는 말이 없지만, 고통은 말한다

— 통계는 침묵하고, 현실은 울부짖는다 —

수치가 줄었다.
빈곤율, 실업률, 자살률. 그래프는 내려가고, 칭찬은 올랐다.
그러나 그날도
지하철엔 고개 숙인 노인이 앉아 있었다.
시장에선 천 원을 두고
한참을 망설이던 손이 있었다. 그 손은
통계 속에 없었다.

기준을 바꾸고, 단위를 나누고, 언어를 다듬어
좋아 보이는 숫자를 만들었다. 그러나 삶은,
나빠진 채였다.

숫자는 말이 없다. 그래서 편리하다.
말이 없기에 반박하지 않고, 말이 없기에 사람을 속인다.
하지만 고통은 말한다. 밤마다 약을 쥐고, 전화기를 붙들고,
지갑을 닫은 채 숨을 참으며 작게, 그러나 끈질기게 말한다.
"우린 아직 어렵다." "우린 아직 고프다."
"우린 아직 보이지 않는다."

보고서엔 없는 목소리, 프리젠테이션엔 없는 표정.

그게 바로
숫자에 가려진 나라의 진짜 얼굴이다.

지표는 빛났지만, 삶은 어두웠다

– 숫자에 환호하던 날, 등불 없는 삶이 있었다 –

보고서는 말한다.
경제는 회복되고 있고, 소득은 증가했으며,
삶의 질은 높아졌다고. 지표는 반짝였고,
보고는 박수를 받았다.
그러나
지하철 끝자락에서 무릎에 손을 얹은 노인의 숨은
그 어디에도 쓰이지 않았다.
소득 분포표에도, 행복 지수에도.

정부는 수치를 들고 성공을 외쳤다.
기자들은 그래프를 확대했고,
발표자는 미소를 지었다. 그러나 그날도
누군가는 가스비 고지서를 앞에 두고 잠을 설쳤다.
지표는 빛났지만 그 빛은 위를 향했다.
아랫사람은 눈이 부셔
자신의 어둠을 더 이상 말할 수 없었다.
빛나는 지표는
그늘진 사람을 잊게 한다. 찬란한 통계는
말 없는 삶을 지운다. 그러나 사라지지 않았다.
그 어둠은, 지금도 거기 있다.

진짜 국정 성적표는 숫자가 아니라 사람이다.
그래프가 아니라 거리다. 말보다 발자국이다.
그 발자국이
오늘도 고단히 눌려 있다.

나는 책임지겠다고 말했다

– 한 사람의 확신, 수천만의 불안 –

나는 말했다.
북한은 핵을 만들 수 없다고. 의지도 능력도 없다고.
만약 그렇지 않다면 내가 책임지겠다고.
사람들은 박수쳤고,
신문은 나를 높이 들었으며
세상은 나를 평화의 얼굴로 기억했다.
노벨상조차 내게 미소 지었다.
그러나 북녘의 하늘에
버섯구름이 피어오르고, 바다는 불안으로 일렁이며
아이들의 잠은 짧아졌다.
나는 그날을 기억한다.
내 말은 사라지지 않았다.
기록에 남았고, 방송에 남았고, 사람들의 가슴에도 남았다.
그러나 나만 그 말을 잊은 듯 살았다.

책임지겠다고 한 나는
그 책임을 정권과 함께 퇴임시켰다.
반성은 없었고, 고백도 없었고, 국민만 남았다.
이제 와 묻는다. 내 그 말,
누가 대신 지고 있는가. 불안은 누구의 몫이 되었는가.

진정으로 말해야 했다. 모르겠다고, 확신할 수 없다고.
국민의 생명을 담보로
멋진 말을 지어내선 안 됐다.

나는 책임지지 않았다. 다만,
국민들이 나 대신 불안을 떠안고 있다.

말은 평화를 말했고, 현실은 공포를 낳았다

– 평화는 선언이 아니라, 검증이어야 했다 –

그들은 말했다.
“북한은 핵을 만들 수 없다.”
“이제 한반도엔 평화가 왔다.”
“우리는 대화를 열었고, 전쟁은 끝났다.”
박수는 쏟아졌고, 꽃다발은 넘쳤으며, 노벨은 기대했다.
말은 화려했고, 세상은 그 말에 취했다.

그러나 현실은 달랐다.
동굴 아래 깊은 곳에서 금속은 빛을 삼켰고,
버튼은 점점 작아졌다.
바다는 닫혔고, 하늘은 봉쇄되었으며,
민간인의 휴대폰 속에는 공습경보 앱이 깔렸다.
그날 그 말은, 평화를 약속했지만
현실은 공포를 낳았다.

우리는 묻고 싶다.
그 말의 뿌리는 어디에 있었는가.
그 확신의 근거는 무엇이었는가.
책임을 묻겠다고 한 그 입술은
왜 지금은 침묵하는가.

평화는 종이 위에 쓰는 말이 아니라
국민의 밤을 지켜주는 현실이어야 했다.
그러나 그들은 말만 했고,
국민은 지금도
불안에 눈을 뜬다.

그날의 선언은, 오늘의 침묵으로 변했다

– 말은 울렸고, 책임은 사라졌다 –

그날,
연단 위에서 그는 말했다.
"전쟁은 끝났다." "비핵화가 시작되었다."
"우리는 평화를 선택했다."
기록되고, 방송되고, 박수받았다.

그의 말은
노벨상 후보를 불렀고, 세계는 칭찬으로 답했다.
꽃길을 걷는 발걸음엔 진실이 따라가지 않았다.
시간이 흘렀고,
북녘 하늘엔 다시 불꽃이 일었다.
포성이 아닌 실험이었고,
그 실험은 국민의 꿈을 깨웠다.

그러나 그는 없었다. 그의 목소리도, 그의 반성도,
그의 책임도 없었다. 남은 건 침묵.
길고, 무거운 침묵.

그날의 선언은
언론의 아카이브에만 남았고, 오늘의 현실은

국민의 불안 속에 살아있다.

우리는 묻는다.
그 말의 무게는 어디에 실렸는가.
그 약속은 누구를 위한 것이었는가.
그날의 평화는,
왜 오늘의 위기로 변했는가.

말은 시작이었다.
그러나 끝맺지 못한 말은 거짓과 다름없다.
오늘의 침묵은
그날의 책임을 외면한 자의 마지막 언어일 뿐이다.

정치는 떠났고, 우리는 남았다

– 약속은 사라졌고, 삶은 계속되었다 –

그들은 떠났다.
카메라 앞에서 고개를 끄덕이며,
국민을 위한다는 말을 수없이 남기고,
그날 그들은 박수 속에 퇴장했다.

정치는 퇴임했고, 권력은 교체되었고, 연단은 비워졌다.
그러나 우리는
떠날 수 없었다.

남겨진 사람들은 아이를 키우고, 버스를 타고,
편의점 계산대 앞에서 지갑을 열며 살고 있었다.
선언은 끝났지만 청구서는 남았고, 그 청구서는
국민의 이름으로 도착했다.

정치가 떠난 자리를 메우는 건 다시
국민이었다. 말의 공허함을 막고, 불안의 문을 잠그고,
다시 하루를 시작하는 이름 없는 사람들.
그들은 말했다.
"국민이 이 나라의 주인이다." 그러나 정작
집을 치우는 것도, 기억을 간직하는 것도 모두

주인의 몫이 되었다. 정치는 떠났고, 우리는 남았다.
말은 사라졌고, 삶은 계속되었다.

기축통화, 말은 쉽다

– 환상은 쉬워도, 신뢰는 어렵다 –

"우리도 기축통화국이 될 가능성이 높다." 그는 말했다.
국제 금융이 숨죽이는 자리에서 아무렇지 않게.
그 말은 달콤했다.
위안보다 더 위로가 되었고, 통장 잔고보다
더 든든해 보였다.

그러나 묻는다.
그는 기축통화를 아는가?
그 말이 뿌리내려야 할 현실의 흙을 보았는가?
미국은 달러로 전쟁을 멈췄고,
중국은 위안으로 외교를 설계했고,
우리는,
아직 기준금리에 숨을 고르고 있는 나라다.

기축통화란
그냥 찍어도 세계가 써주는 돈. 우리는 아직
환율 공포에 휘청이는 원화를 쥐고 있다.

그래도 그는 말했다.
좋게 보라고. 희망을 품으라고.

그러나 희망은 근거가 있을 때 희망이다.
없을 땐, 그건 기만이다.
정치는 책임의 언어로 말해야 한다
환상은 시인이 쓰고,
현실은 지도자가 써야 한다.

경제는 언어가 아니라 책임이다

– 말로 찍은 돈, 현실에선 종잇조각 –

경제는 말이 아니다.
발표회도, 캠페인도, 연설문도 아니다. 책임이다.
국민이 매일 아침 확인하는
카드 승인 문자, 잔고, 물가.
그것이 전부다.

그는 말했다.
"우리는 기축통화국이 될 수 있다."
"세금 없이 복지국가 만들 수 있다."
"경제는 심리다."
그러나 통장은 거짓말하지 않는다.

언어는 부풀릴 수 있지만 시장가격은 조작할 수 없다.
책임 없는 언어는 환상이 되고,
그 환상은 국민의 통장에서 사라진다.

정치는 말로 시작하지만 경제는 결과로 끝난다.
국민은 정책을 먹고살고,
지도자는 말을 팔아 하루를 버틴다.

경제는 언어가 아니라,
결과를 향한 무거운 책임이다.

책임 없는 언어는
한순간 박수를 받을지 몰라도 그다음 날부터는,
국민의 분노로 이자 붙는다.

희망이라는 이름의 기만

– 말은 빛났고, 진실은 없었다 –

그는 말했다.

"잘살 수 있다." "세금 줄이겠다."

"세계 속의 선진국이 되겠다."

"기축통화국도 꿈은 아니다."

말은 참 따뜻했다.

어머니는 그 말을 믿고 장을 봤고,

아버지는 고단한 하루를 참았다.

아이들은 희망이 뭔지 모르지만 그래도 좋다고 했다.

하지만 시간이 흘러도 밥값은 오르고, 월세는 더 급했다.

꿈이라 했던 그 말들은 이자도 붙지 않고 사라졌다.

희망은 주어졌지만

현실은 함께 오지 않았다. 그 희망은,

현실이 되지 못하는 희망이었다.

말은 반복되었고, 책임은 반복되지 않았다.

정치는 떠났고, 국민만 남았다.

이제 우리는 안다.

희망이란 이름으로 건네는 말이 근거 없을 땐,

가장 위태로운 기만이 된다는 것.

점령은 없었고, 동맹은 있었다

– 왜곡된 말은 현실을 병들게 한다 –

그는 말했다.
“미점령군과 친일세력이 대한민국을 만들었다.”
역사란, 그렇게 잘라내면
진실이 편견이 되고, 고마움은 배신이 된다.
그 말 한 줄에
6·25의 참호가 사라지고, 전후복구의 손길이 지워지고,
동맹의 이름은 점령으로 탈바꿈했다.

주한미군은
우리의 안위를 지키기 위해 북녘의 포문 앞에 서 있었지만,
그에겐
그들도 점령군일 뿐이었다.

말은 쉬웠다.
그러나 그 말이 불러올 분열과 상처,
왜곡된 기억의 재조립을 그는 고려하지 않았다.
우리는 다시 묻는다.
언어는 진실을 밝히는 도구인가,
아니면 선동을 위한 무기인가.
정치인의 입은 연설을 해야 하지, 선동을 팔아선 안 된다.

편협한 말 한마디가 동맹을 적으로 만들고,
감사를 모욕으로 바꿀 수 있다.

기억을 왜곡한 자, 미래를 말할 자격 없다

– 진실 위에만 미래가 선다 –

그는 말했다. "그때는 그랬다."
자신이 본 것만이 전부였고, 자신의 시선만이 정의였다.
그러나 기억은
한 사람의 것이 아니다. 한 나라의 시간이고,
모두가 함께 지나온 발자국이다.
그는 일부를 떼어 전체인 듯 포장했다.
불편한 과거는 지웠고,
편리한 서사는 부풀렸다.
기억을 왜곡한 순간, 진실은 사라졌고 신뢰는 무너졌다.
역사를 내 편의 무기로 삼고,
사실을 장식처럼 붙인 자는 미래를 말할 자격이 없다.
왜냐하면, 그가 세우려는 미래는
허위로 그린 지도 위에 있는 도시이기 때문이다.

우리는 안다. 진실한 기억 없이 단 한 걸음도
내일로 나아갈 수 없다는 걸.

기억을 훼손한 자여, 그대는 오늘을 살고 있어도
미래에는 서지 못한다.

역사는 정권의 것이 아니다

– 그것은 국민 모두의 피와 시간이다 –

정권은 바뀌고,
깃발은 흔들리며,
현수막은 매 선거마다 새로 걸린다.

하지만 역사는 누구의 것도 아니다.
그것은 이름 없이 죽은 자들의 피이고,
돌아오지 못한 자들의 편지이며,
함께 버틴 시간이다.

그들은 말했다. "역사를 바로잡겠다."
그러나 그 '바름'은
자신들에게만 유리한 방향이었다.

기억을 갈아엎고, 기념일을 옮기고,
누군가는 영웅이 되고, 누군가는 지워졌다.
정권은 칼로 쓰지만, 국민은 눈물로 기억한다.
역사는 바꾸는 것이 아니라 이해하는 것이다.
역사는 지배하는 것이 아니라 기억하는 것이다.
정권은 잠시 머무르고 책임은 떠나지만,
역사는 그 모든 것을 끝까지 적어낸다.

그러니 말하라,
당신이 역사를 입에 담을 자격이 있는지.
왜곡된 기록 위에
당신의 이름을 남길 것인지.

역사는 정권의 것이 아니다. 그것은 이 나라의 것이다.

이념은 떠나도 기록은 남는다

– 말은 바뀌고, 행동은 남는다 –

이념은 물결처럼 출렁이고
깃발은 바람 따라 방향을 바꾼다.
어제의 적이 오늘의 친구가 되고,
오늘의 정의가 내일의 모호함이 된다.
그러나 기록은 조용히,
그러나 집요하게 모든 것을 적는다.
말이 바뀐 자리에도
그의 표정은 찍혀 있었고,
지운 이름 아래에도
그의 결정은 기록되어 있었다.

정권은 기억을 지우려 하고,
이념은 불편한 진실을 덮으려 하지만,
기록은 지워지지 않는다.
종이는 말을 기억하고, 화면은 표정을 기억하며,
국민은 그 기억을 품고 투표한다.
그래서 말은 가볍게 할 수 있어도
행동은 가볍게 남기지 못한다.
이념은 떠나고 정권은 바뀌어도
기록은 국민의 편에 남는다.

그리고 언젠가,

그 기록은 말없이 심판이 된다.

현실을 버린 입, 진실을 잊은 말

– 누구를 위해 연설하는가 –

그는 말했다.
“김일성과 김정일의 노력이 훼손되지 않게 해야 한다.”
그 순간,
하늘에서 굉음이 울렸고 바다엔 또 미사일이 떨어졌다.
군인들은 경계선을 따라 밤새 눈을 비비며 섰고,
아이들은 민방공 훈련으로 심장이 쿵쾅거렸다.
그런데 그는 말했다.
그 노력을 지켜야 한다고.

무엇을 지키겠다는 것인가.
총부리를 우리 가슴에 겨눈 자들의 이름을?
전쟁을 일으킨 자들의 동상을?
현실은 분명한데, 그는 흐리길 원했다.
기억은 또렷한데, 그는 흐릿한 연극을 벌였다.

이 말은
누구의 귀를 위한 것인가? 누구의 편에 서겠다는 것인가?
편을 나눠야 정치가 되는 시대, 그는 결국 진실 대신
진영을 선택했다.

국민은 안다. 말이 향한 방향이
국가가 아닌 권력이라는 걸.

적에게 경의를, 국민에게 침묵을

— 그 연설은 누구를 향한 것인가 —

그는 외쳤다.
"그들의 노력을 폄훼해선 안 됩니다."
그리고 침묵했다.
미사일이 날아들 때, 군인들이 쓰러질 때,
국민이 불안에 잠 못 들 때.

경계선은 여전히 긴장에 떨고, 고요한 하늘은
그들의 폭음을 삼키고 있었지만,
그는 말했다.
"그들의 이름에 경의를."

누구의 이름을, 무엇의 공적을
어떻게 기억하라는 것인가.

이 땅의 백성은 입을 다물었다.
당신의 말에 충격을 삼키고,
당신의 침묵에 외면을 삼켰다.
한 손은 국민의 손을 놓고,
다른 한 손은 적의 어깨를 토닥였다.
그렇게 그는 중립이라 말했지만,

국민은 이미 알고 있었다.
그 말은 편이었고,
그 침묵은 배신이었다.

적에게 경의를, 국민에게 침묵을.
그건 정치가 아니라 기억의 전복이고,
국가에 대한 이탈이다.

이 땅의 국민은 누구의 편인가

– 편으로 나눌 수 없는 이름, 국민 –

그들은 늘 물었다.
"당신은 어느 편입니까?" 좌인가, 우인가,
적인가, 우리인가.

그러나 묻지 않았다. "당신은 국민입니까?"라고.
정치는 진영을 택했고, 언론은 방향을 가졌으며
연설은 편에 따라 달라졌고, 약속은 유리한 쪽에만 지켜졌다.
그 사이에서 국민은 줄을 섰다.
줄 위에 선 것이 아니라, 줄 아래 깔려 있었다.
때로는 침묵을 강요당했고,
때로는 함성에 동원되었고,
때로는 이용당한 채
국민이 아닌 명분이 되었다.

하지만 이제 우리는 묻는다.
이 땅의 국민은 누구의 편인가?

진실의 편이다. 정의의 편이다. 미래의 편이다.
그리고 말한다.
"우리는 편이 아니다.
우리는 이 나라 그 자체다."

그 말은 전쟁을 정당화한다

— 세계를 잘못 배운 사람의 연설 —

그는 말했다.
"초보 정치인이 자극해서 전쟁이 났다."
그러자 총성이 피해자를 삼켰고,
미사일은 학교 지붕을 갈랐다.

그의 말은 가해자의 입장이었고,
침략자의 논리였으며, 무지의 외교였다.
자극하면 전쟁이 나는가? 그렇다면
말하지 말았어야 할 나라들이 얼마나 많았을까.
진실을 말하는 나라, 인권을 외치는 나라,
주권을 지키겠다는 나라들 모두가 침묵했어야 했는가.
그의 시선은
전쟁을 일으킨 이의 논리였고, 피해자를 탓하는 목소리였다.
가해자는 명분을 얻고, 피해자는 책임을 뒤집어쓴다.
그렇게 한 줄 말이 세계의 질서를 거꾸로 뒤집는다.
그의 입에서 나온 말 한 줄이
한 나라의 외교가 되고
한 세대의 역사 교육이 된다면, 그건 무서운 일이다.

그리고 우리는 묻는다.
그가 보는 세계는,
김정일이 보던 세계와 다를 게 있는가?

정치는 세계를 보는 창이다, 깨진 유리로는 위험하다

– 그 왜곡은, 결국 국민의 눈을 가린다 –

정치는 창이다.
세계를 보는 유리창.
지도자가 들여다보는 바깥세상이며,
국민이 그를 통해 마주하는 현실이다.
하지만
그 창에 금이 가 있다면? 진실은 비틀리고,
현실은 과장되며, 위협은 덜 보이고, 착각은 더 커진다.
그는 말했다.
"초보 정치인이 자극했다."라고.
그의 창에는 이미
현실을 반사하지 않는 필름이 붙어 있었다.

거기엔 가해자도, 피해자도 없었다. 있다면,
말 바꾸기와 책임 전가,
그리고 국제질서를 오해한 눈동자뿐.

그렇게 국민은,
금 간 창으로 세상을 본다. 그리고 믿는다.
그가 보여준, 깨진 유리의 그림자를.

그러나 세계는
그 유리 바깥에서
진짜 총성과 피와 주권을 말하고 있었다.

정치는 창이다. 그 창이 흐리면
나라 전체가 길을 잃는다.

그러니 정치인은, 창을 닦아야 한다.
깨진 유리를 자랑하지 말고,
진실이 통과할 수 있도록 투명해야 한다.

말이 무서운 이유는, 방향이 있기 때문이다

– 정치는 말로 싸우고, 말로 지킨다 –

말은 공기 속에 흩어지지 않는다. 방향이 있다.
목표가 있다. 의도가 있다.
정치인의 말은
국민의 마음을 겨누거나, 국가의 외교를 흔들거나,
한 사회의 균형을 무너뜨린다.

그는 말했다.
"그가 자극해서 전쟁이 났다."라고.
그 말은 피격된 도시 위에 떨어졌고,
피해자의 가슴에 박혔다.
말은 책임이 되어야 한다. 그러나 그는 던졌다.
책임 없는 방향으로, 무지의 풍향계로.

그래서 말은 무섭다.
소음이 아니라, 화살이기 때문이다.

세계는 넓고, 지도자의 시야는 좁았다

– 그 작은 눈으로는, 국경도, 고통도, 진실도 보이지 않았다 –

세계는 넓다.
대륙을 넘고, 바다를 지나고,
서로 다른 언어와 전통, 고통과 역사를 품고 있다.

그러나 그는
그 모든 세계를
자신의 좁은 시야 안에 가뒀다.

현실은 겹겹인데
그는 흑백으로 나누었고,
외교는 섬세한데
그는 거친 붓으로 칠했다.

피해자는 그의 시야에 없었고,
침략자는 그의 말끝에 면죄부를 얻었으며,
국제사회는 그의 외면 속에서 흐릿해졌다.
세계는 여전히
균형과 진실 위에 서 있으나, 그는
편향과 오만 위에서 세계를 해석했다.

그리고 국민은 묻는다.

"그 눈으로,

어디까지 보실 수 있습니까?"

눈이 좁으면, 국민은 멀어 보인다

– 정치인의 시력은 곧 국민과의 거리다 –

정치인은 높은 곳에 섰다.
그리고 아래를 보았다. 그러나 멀리 보지 않았다.
가까운 말, 편한 얼굴, 익숙한 목소리만 보였다.

멀리 있는 국민의 삶은
작게, 흐리게, 왜곡되어 다가왔다.
눈이 좁았기 때문이다.
자신의 편은 커 보였고,
비판하는 이는 왜소했다.
통계는 그에게 유리한 수치를 강조했고,
고통은 들리지 않는 언어가 되었다.
눈이 좁으니 국민의 얼굴이 작아졌다.
목소리는 메아리처럼 사라졌고,
진심은 잡음처럼 걸러졌다.
그러고도 그는 말했다.
'나는 국민을 본다'고.
하지만 국민은 그를 보고,
자신이 보이지 않음을 알았다.

정치는 시력이다.

그 시야에 국민이 있느냐 없느냐는
그 정치의 윤리를 말해준다.
눈이 좁으면
국민은 멀어 보이고, 결국
국민 없는 정치를 한다.

가까운 것만 보는 자는 멀리 가질 못한다

— 오늘의 인기만 좇는 자, 내일을 잃는다 —

그는 언제나 눈앞을 보았다.
오늘의 표,
이번 주 여론조사, 지금의 갈채.
계획은 5년을 넘기지 않았고,
철학은 5분을 견디지 못했다.
아이들의 교실보다
자신의 기자회견장을 더 크게 보았고,
산업의 방향보다
한 번의 방송 출연이 더 중요했다.

가까운 것만 보았기에
먼 곳에 있는 국민의 삶은 잊혔고,
멀리 다가올 위기는
늘 '생각해 보겠다'로 미뤄졌다.
그는 말했다. "지금이 중요하다."
하지만 국민은 알았다. 지금만 본 자는
내일을 망친다는 것을.

지도자의 시야는 지도와 같다.
좁으면, 길을 잃고

멀리 보면, 방향을 잡는다.

가까운 것만 보는 자는
언제나 바쁘고,
항상 말이 많고,
결국은 제자리를 돈다.
그리고 국민은
또 같은 말을 듣는다. '이번엔 다르다'고.

셰셰 하면 되지?

– 말 한마디가 나라의 품격을 결정한다 –

시장은 붐볐다.
그는 서 있었다. 마이크를 들고,
국민의 자존을 헐값에 팔았다.

"왜 중국을 집적거려요? 셰셰 하면 되지."
그 말 속에 대한민국은 없었다.
셰셰,
그 두 글자면 충분한가.
그 두 글자에 동맹의 신뢰가 담기고,
영해의 주권이 실리고, 안보의 책임이 지워지는가.
그 말은 가볍다. 그러나
그 말이 국민의 무게를 짓눌렀다.
정치는 외교의 입구다. 입은 국격의 창이다.
굴종의 언어로 존중은 얻을 수 없다.
당진의 전통시장에서 그는 미소 지었지만, 그의 말은
국민의 가슴을 얼게 했다.

셰셰 한마디로
국가의 품격을 정리하려 했다면, 그의 세계는
자주가 아닌 사대의 거울을 보고 있었다.

굴종은 평화를 담보하지 않는다

– 고개 숙여 얻은 평화는, 언젠가 무릎 꿇게 만든다 –

그는 말했다.
셰셰 하면 되지 않느냐고. 싸우지 말자고,
자극하지 말자고,
그냥 웃으며 넘기자고.

굴종을 예의로 포장했고, 침묵을 지혜라 불렀다.
하지만 평화는
고개 숙인 자에게 오지 않는다. 그저 침묵은
상대의 탐욕을 자극할 뿐이다.

침묵은 국경을 지켜주지 않고,
굴종은 위협을 멈추지 않는다.
평화는
존중을 먹고 자라지,
굴복을 먹고 자라지 않는다.

"그냥 셰셰."
그 한마디에 담긴 것은
외교가 아니라 체념, 자주가 아니라 타율이었다.
역사는 말한다. 머리를 숙인 자는

결국 등에 칼을 맞는다.

우리는 싸우기 위해 고개를 드는 것이 아니다.
지키기 위해, 존엄을 걸기 위해, 고개를 드는 것이다.
굴종은 평화의 값싼 흉내일 뿐이다.
진짜 평화는
당당함 속에서 태어난다.

고개를 숙이면, 그다음은 무릎이다

– 자존은 자세로부터 무너진다 –

고개를 숙였다.
처음엔 예의였다. 다음엔 회피였고,
그다음엔 버릇이 되었다.

처음엔 미안하단 뜻이었다. 다음엔 분란은 싫다고 했다.
그러다 마침내,
아무 말도 하지 않았다.

무릎을 꿇었다.
누가 시킨 것도 아니었다.
스스로, 더 이상 불편해지고 싶지 않아서.

존엄이란
처음엔 고개에 깃들어 있다. 다음은 무릎에,
그다음은 침묵의 혀끝에.

정치는 머리로 한다지만,
고개를 드는 용기는 마음에서 나온다.
고개를 숙인 그 순간, 상대는 자리를 차지했다.
국격은 깎였고,

국민은 보이지 않았다.

우리는 질문해야 한다.
“누굴 향해 고개를 숙였는가?”
“왜 무릎을 꿇었는가?”
자주란
고개를 들 줄 아는 것.
국격이란
무릎 꿇지 않는 결기다.

외교는 굴복이 아니라, 균형이다

– 고개를 숙이느냐, 고개를 마주하느냐의 차이 –

외교는 춤이다.
힘과 힘이
서로의 발끝을 살피는 춤.

그러나 어느 날,
한 발은 계속 물러났고
한 고개는 자꾸만 숙여졌다.

"셰셰 하면 되지 않느냐."
"웃으며 넘기자."
"괜히 자극하지 말자."
그 말들은
외교의 이름으로 불렸지만 굴복의 변명이었다.

외교는 균형이다. 눈을 맞추고, 조건을 맞추고,
존중과 주권을 나란히 세우는 기술이다.
한쪽이 낮아지면,
그 순간 협상은 사라지고, 지시는 시작된다.
굴복은 평화를 담보하지 않고,
침묵은 국익을 보호하지 않는다.

외교는 말의 높낮이가 아니라 자세의 균형에서 시작된다.
힘에 맞서기보다 지혜로 견디는 것,
그러나 결코
무릎 꿇지 않는 것.

그게
이 나라 외교가 서야 할 자리다.

말은 연기였고, 믿음은 조롱이었다

– 진심 없는 말의 끝은 국민의 모욕이다 –

그는 말했다.
“존경한다.”
사람들은 박수를 쳤고, 고개를 끄덕였으며,
눈시울을 붉히기도 했다.

그러나, 돌아선 그는 속삭였다.
“진짜 존경하는 줄 알더라.”

말은 무기였다.
진심이 아닌 전략이었고, 믿음을 얻기 위한 미끼였다.
말은 연기였고, 믿음은 조롱이었다.
그가 존경한 것은 인간이 아니라 표였고,
정신이 아니라 유세장이었다.

정치인의 말은 가벼워질수록
국민의 상처는 무거워진다.

진심 없는 존경은 폭력이다

— 허위의 경례는 국민의 가슴을 찌른다 —

그는 말했다.
“존경합니다.” 고개를 숙였고,
눈빛은 흔들리지 않았다.

사람들은 믿었다.
“이제 진심이 통했구나.” 박수가 터졌고,
기억이 되살아났고, 믿음이 싹텄다.
그러나 돌아서며 그는 웃었다.
“진짜 존경하는 줄 알더라.”
그 웃음은 칼날 같았다.
말 한마디가 얼마나 날카로울 수 있는지
국민의 가슴이 알았다.
진심 없는 존경은 침묵보다 잔인하다.
기만의 손을 내밀며
신뢰를 뺏는 도둑이기 때문이다.

말은 공기 같지만, 정치는 그 공기에 피를 섞는다.
빈말이 반복되면 결국 신뢰는 시들고 국가는 병든다.
존경한다면, 말이 아니라 행동으로 보여야 한다.
존경한다면, 그 이름을 함부로 입에 담지 말아야 한다.

진심 없는 존경은, 기억을 우롱하고 국민을 모욕하며 미래를 부정하는 폭력이다.

연기의 정치, 조롱의 리더십

– 대사는 있었고, 진심은 없었다 –

무대는 준비됐다.
조명은 켜졌고, 기획사는 작동했다.
카메라는 돌아가고 그는 등장했다.
"국민 여러분, 정말 존경합니다."
목소리는 울림이 있었고 표정엔 연륜이 있었다.
그러나 눈빛엔 대본이 있었다.

대사는 완벽했다. 호소, 겸손, 감동까지.
그러나 막이 내리자 그는 속삭였다.
"진짜 믿은 거야?"
그의 리더십은 조롱이었다.
고개를 숙인 척, 귀를 기울인 척, 국민을 위한 척.
정치는 연기가 아니고, 국민은 관객이 아니다.
우리는 박수 치기 위해 세금을 내지 않았고,
눈물 흘리기 위해 표를 준 것도 아니다.

연기의 정치는 현실을 왜곡하고 조롱의 리더십은
국민의 상처 위에 선다.

진심 없는 무대는 언젠가 무너지고,

가면은 진실 앞에서 항상 찢어진다.

리더란

무대를 내려온 후에도

진심을 유지할 줄 아는 사람이다.

조명이 꺼진 후에야

진짜가 드러나기 때문이다.

기만의 존경은 조롱보다 더 차갑다

— 거짓 존경은 칼처럼 웃는다 —

그는 말했다. “존경합니다.”
목소리는 따뜻했고, 손끝은 떨리지 않았다.
사람들은 고개를 끄덕였다.
그 말에 위로받고, 신뢰했고, 표를 던졌다.
그러나 돌아선 그는 입꼬리를 올렸다.
“진짜 믿었네?” 그 웃음엔
칼날이 숨어 있었다.

조롱은 찌른다. 그러나 기만은,
미소로 껴안는 척하다 심장을 얼려 죽인다.
거짓 존경은 조롱보다 더 차갑다. 왜냐하면
그건 믿음을 무기로 삼기 때문이다.

말은 따뜻할수록 속이 비어 있을 때 더 아프다.
더 깊다.
더 오래간다.

조롱은 대면한 적이고 기만은
가면을 쓴 친구의 칼이다.

정치는 말이 아니다. 행동이고, 기억이고,
속과 겉이 다르지 않은 믿음이다.

우리는
이제 말이 아니라
침묵 뒤의 웃음을 감시해야 한다.

웃으며 속인 자, 눈물도 가짜다

– 감정도 연기인 그들의 무대 –

그는 웃었다. “정말 감사합니다.”
한껏 입꼬리를 올리고 눈빛엔 물기도 머금었다.
카메라는 돌아갔고, 국민은 고개를 끄덕였다.
그 장면은 뉴스가 되었고
SNS엔 ‘감동’이라는 말이 흘렀다.

하지만,
그의 메이크업은 무너지지 않았다.
눈물은 흘렀지만,
심장은 단 한 방울도 움직이지 않았다.

그는 거짓말을 웃으며 했고, 감사 인사를 조롱처럼 날렸다.
믿음을 가져다주고
뒤에서는 그것을 팔았다.

웃으며 속인 자는 눈물조차 상품화한다.
그에게 감정은 도구였고, 신뢰는 소모품이었다.
정치는 연극이 아니다. 국민은 관객이 아니다.
진심은 리허설이 없고, 눈물은 대본에 없다.
우리는 배워야 한다.

웃는 얼굴 뒤의 냉소를, 눈물 속에 담긴 기획을,
그의 말이 아닌
그의 모순을 기억해야 한다.

믿음을 연출하면 나라가 무너진다

– 무대는 화려했지만, 기둥은 썩어 있었다 –

그는
눈물을 글썽이며 말했다. "국민만 바라보겠습니다."
순간, 박수가 터졌고
사진기 셔터가 터졌다.

그러나
그의 손엔 대본이 있었다. 그의 눈물은
카메라를 향했고, 그의 미소는
스크립트의 줄을 벗어나지 않았다.

믿음은 리허설이 없고 진심은 편집되지 않는다.
그러나 그는
믿음을 '연출'했고
신뢰를 '소품'처럼 들었다.

그가 쌓은 건
정책이 아니라 장면이었다.
그가 세운 건
국정이 아니라 세트장이었다.
그 무대는 화려했지만, 기둥은 썩어 있었다.

믿음을 연출한 그 순간부터 나라는 무너지고 있었다.
국민은 점점 냉소했고 현실은 점점 극장이 되었다.
정치는 말이 아니라 쌓여야 할 벽돌이고 신뢰는
'표현'이 아니라 '축적'이어야 한다.

연출된 믿음은 결국
무너진 무대 아래
국민의 삶을 깔고 앉는다.

국정은 스크립트가 아니라 살아있는 약속이다

— 대사가 아닌, 숨결로 써야 하는 책무 —

무대 위에 그는 섰다.
자세는 당당했고, 목소리는 울림이 있었다.
"국민과의 약속을 지키겠습니다."
카메라는 그의 손짓을 따라갔고
현수막은 완벽한 문장을 걸었다.
그 문장은
실현될 공약이 아니라 연출된 스크립트였다.
사인펜으로 줄 긋던 참모진, 포토타임을 맞춘 눈물,
기획된 시민과의 대화, 모든 것이 리허설이었다.
하지만 국정은 드라마가 아니다.
대사로 이어지지 않고
책임으로 이어져야 한다.
국정은
숨 쉬는 약속이다.
오늘도 숨 가쁘게 일터에 선 국민에게 내일을 보장해 주는
현장의 말이어야 한다.
잉크보다
행동이 더 진해야 하며
화면보다

현장이 더 뜨거워야 한다.

스크립트는 기억되지 않지만, 살아있는 약속은
세대를 넘어 기록된다.

정치는 말이 아니라
국민의 시간에 답하는 것이다.
국정은 쇼가 아니라,
나라라는 현실을 운영하는 약속이다.

리더는 무대를 빛내는 배우가 아니라 바닥을 닦는 사람이어야 한다

— 손에 먼지가 묻어야 진짜다 —

무대는 화려했다.
조명은 찬란했고, 연설은 완벽했다.
국민은 잠시 눈이 부셨고, 그는 박수를 받았다.
하지만
그 무대 아래
길은 깨끗하지 않았다.
쌓인 민생의 먼지, 뒤엉킨 약속의 발자국,
그 누구도 닦지 않았다.
리더는 배우가 아니다.
카메라를 의식하는 표정보다
눈에 띄지 않는 구석을 먼저 보는 사람이어야 한다.

바닥을 닦는 사람은 무릎을 굽히고, 손을 더럽힌다.
그러나
그 손끝에서
국민의 하루가 안전해진다.

진짜 지도자는
자신의 이름보다

국민의 삶을 빛내야 하며,
박수보다
침묵 속 신뢰를 쌓아야 한다.

무대를 빛내는 배우는
쇼가 끝나면 퇴장하지만,
바닥을 닦는 리더는
쇼가 끝난 뒤부터 시작한다.

정치는 연기가 아니다.
지도자는 장면이 아니라,
길을 여는 사람이어야 한다.

50%의 국민도 모르는 대통령

— 사표의 시대를 끝내야 한다 —

그는
30%의 지지를 받고 당당히 무대에 섰다.
70%의 침묵은 패배로 간주되었다.
국민 절반이 원하지 않은 승자. 그러나 제도는
'가장 많은 표'만을 기억했다.

내가 던진 한 표는 바람처럼 사라졌고
그의 당선에 아무 힘도 되지 않았다.

이제 우리는 말해야 한다.
다수의 지지 없는 권력은 정통이 아니라 착각이다.
사표가 없는 나라,
지지를 이동할 수 있는 투표.
내 선택이 끝까지 살아남는 제도.

그가 진짜 대통령이라면 국민 절반은
그의 이름을 말할 수 있어야 한다.

민주주의는
득표율로 만든 왕관이 아니다.
국민의 동의 없이 쓴 왕관은 무겁고 위태롭다.

대표 없는 권력은 허상이다

– 누구를 위한 자리인가 –

그는 당선되었다.
최고 권력이라 불리는 자리에 올랐다.
현수막엔 "국민의 선택"이라 적혔다.
하지만
그의 이름을 찍지 않은 사람이 열 명 중 일곱이었다.
그는 누굴 대표한 것인가?
소수의 선택을 다수의 이름으로 포장한 채
국민을 "하나"라 부른다.
대표 없는 권력은 소수의 언어로 다수의 운명을 정한다.
이름은 민주주의지만, 내용은 독점이다.

나의 한 표는 수많은 사표 속에 파묻혔고
누구도 그것을 기억하지 않았다.
그는 국정을 논하며 "국민의 뜻"을 말했지만
나는 한 번도 그에게 내 뜻을 맡긴 적이 없다.

대표 없는 권력은 결국 허상이다.
헌법의 구절만 남은 빈껍데기다.

진짜 정치는
정통성을 향한 끊임없는 질문이고
권력은
국민의 숨결 위에만 존재할 수 있다.

결선의 문 앞에 서는 용기

– 다수의 지지를 두려워하지 마라 –

30%의 박수로
70%의 침묵을 덮으려는 이여,
당신은 진정
국민의 이름을 말할 자격이 있는가.

당선이 목표였다면, 결선은 두려운 제도다. 하지만
국민이 목표라면, 결선은 당연한 약속이다.

한 번의 투표로 말할 수 없다면, 두 번이라도
국민의 뜻을 묻는 것이 민주주의다.
두렵겠지.
진짜 얼굴이 드러나는 시간, 표가 아닌
신뢰로 검증받는 자리.

그러나 진짜 지도자는
합의된 승리를 선택한다.
다수의 동의 앞에 서기를 주저하지 않는다.
지금, 결선 투표제를 말하는 것은 정치가 아니라 용기다.
불공정한 승리를 거부하는 희망의 제도다.
당신은 과연,
과반을 이룰 수 있는 사람인가?

과반 없는 권력은 지지의 착각이다

– 승리는 동의와 같지 않다 –

그는 이겼다. 1등이었다. 그것이면 충분했다.
그래서 그는 말했다. “국민의 선택입니다.”
그러나 그를 뽑지 않은 사람이 더 많았다.
그를 거부한 사람, 망설인 사람,
포기한 사람까지 합하면
그의 이름은 외롭기 그지없었다.

지지받았다고 착각했다. 하지만 그것은
분열의 틈에서 잠깐 반짝인 통계적 이익일 뿐,
민심의 중심은 아니었다.

과반 없는 승리는
절반도 되지 않는 동의다. 민주주의는
‘가장 높은 점수’가 아니라,
‘가장 많은 동의’에 뿌리를 두어야 한다.

그를 반대한 이들의 입을 침묵이라 하지 마라.
그 침묵은 지지의 부재요,
정통성의 경고다.

지금이야말로 다시 묻자. 당신은 정말
국민의 다수로부터 지지받고 있는가?
승리는 숫자에 있지만, 정통성은 마음에 있다.

당신은 1등이지만,
다수는 당신을 선택하지 않았다

– 숫자의 왕관은 민심의 반지를 대신할 수 없다 –

축포가 터졌다.
만세가 울렸다.
당신은 '1등'이란 이름으로 권력을 얻었다.
그러나, 기억하라.
국민 열 명 중 일곱은 당신이 아니었다.
그들의 침묵이 당신의 지지가 아니며,
그들의 기권이 동의는 아니다.

당신은 국정을 이끈다지만 그 국정의 절반 이상은
당신을 지지하지 않는 민심 위에 있다.

그래서 우리는 묻는다.
"당신은 정말 국민의 대표자인가,
아니면 가장 큰 조각에 불과한가?"

1등이라는 단어는 지지의 증명이 아니다.
그저 모든 파편이 나뉜 끝에 남겨진 조각일 수도 있다.
진짜 민주주의는
가장 많은 표가 아니라, 가장 넓은 동의로 증명된다.

당신은 1등이지만 우리는 당신을 뽑지 않았다.

그러니 제발
모두의 이름으로 말하지 마라.

축하할 일 슬픈 일

오늘, 우리는 박수를 쳤습니다.
만장일치로
아니,
민주적 절차로,
행정의 수반을 뽑았습니다.

축하할 일입니다.

그가 쌓은 경력은 다양합니다.
- 무고죄
- 공무원 자격 사칭
- 음주운전
- 공무집행 방해
- 공용건물 손상
- 공직선거법 위반

어느 한 가지에 편중되지 않은
균형 있는 범죄 포트폴리오
"이 정도면 살아 있는 민주주의 아니냐."라고
누군가는 웃으며 말했습니다.

슬픈 일입니다.

우리는 그를 선택했고
그는 선택받았습니다.
그리고 우리의 아들딸, 손자손녀에게
이야기해야 합니다.

“노력하면, 너도 저 자리까지 갈 수 있어.
단, 잊지 마라.
진심보단
스펙과 침묵과… 면죄부가 필요하단다.”

어떤 아이는 묻겠지요.
“그럼 나도 친구 때려도 돼요?
선거 때 거짓말해도 돼요?
술 마시고 운전해도 돼요?”

우리는 침묵합니다.
왜냐고요?

그를 선택한 건 우리였으니까요.
축하할 일인가요, 슬픈 일인가요?
이제, 그 대답도 바람에게 떠맡기고 싶습니다.

그래도 그를 존경하라고 가르칠 순 없다

그는 선택받았다.
민주주의란 이름 아래
수많은 손들이, 투표용지를 접었고
그는 그 종이 위에 피어올랐다.

그러나,
우리는 아이에게 말할 수 없다.
"저 사람을 본받아라."라고.
"저 얼굴을 책에 실어라."라고.

왜냐하면 그는
검사를 사칭했고,
법을 알면서 법을 무너뜨렸으며
술에 취해 핸들을 잡았고
거짓을 유포해 진실을 짓밟았으며
공공의 벽에 분노를 새겼고
무고한 이를 죄인으로 만들었기 때문이다.

그 모든 날은
그가 '법을 다룬다'는 이름으로 살아가던 시절이었다.
지식인이었다.

국가의 내일을 책임질 줄 아는 자였다.
그럼에도,
그는 법을 도구로 삼았고
지식을 방패로 삼았고
국민을 미끼로 삼았다.

그러니 우리는
아이의 손을 잡고 말할 수 없다.
"그를 닮으라."라고.
"그를 존경하라."라고.

선택은 받을 수 있다.
그러나 존경은 받지 못할 수도 있다는 것
그걸 가르쳐야 한다.

국민이 그를 뽑았다고 해서
우리가
진실마저 뽑은 것은 아니기 때문이다.

에올로의 주석:

존경은 권위가 아니라 양심에서 자란다.
바람은 무게를 지지 않지만,
한 지식인의 죄는
한 나라의 미래를 뒤틀 수 있다.
앞으로 누군가를 우리의 대표자로 뽑아야 한다면
존경하라 할 만한 인물을,
그를 본받아라 칭송할 수 있는 인물을 뽑자.

그럴 수도 있지 않을까

누구에게나 젊은 날은 있지.
그때는 좀… 뜨거웠다네.
열정이 넘치다 보면
법도… 살짝 넘어가고
벽도… 조금 긁히고
사람도… 가끔 오해하게 마련이지.

그건 죄라기보다
인생 경험,
성장통,
지금의 나를 만든 디딤돌이라고나 할까.

검사를 사칭한 건
사명감이 너무 컸기 때문이고
술을 마신 건
국민과 소통하느라 밤이 깊었기 때문이며
무고죄는… 그 사람이 오해한 거지.
나는 그런 뜻이 아니었어.

그리고
선택은 국민이 해줬다.

그 말은, 이제 내 잘못이 아니라는 뜻이지.

그러니,
존경까진 아니더라도
이해는 해줘야 하는 거 아닌가?

그럴 수도 있지 않겠느냐.
너무 완벽한 사람만 고르면
이 나라는 아무도 남지 않을 텐데 말이야.

그럼 나도 그래도 돼요?

아빠,
뉴스에 나오는 그 아저씨 말야,
사람을 속였대.
법을 어겼고
거짓말도 했대.

그런데도
사람들이
그를 뽑았어.
칭찬도 하고,
꽃도 주더라.

그럼 나도
시험 때 커닝해도 돼?
게임하다 친구를 때려도?
거짓말해서 이기면
'정치력 있다'고 말해줄 거야?

엄마는 어릴 때
"정직해야 해."
"남에게 피해 주지 마."

"책임질 줄 알아야 해."
그렇게 가르쳤잖아.

근데
그 아저씨는 왜 아무 일도 없어?
왜 웃고 있어?
왜 텔레비전에 나와?
그럼 나도,
그래도 돼요?

훔친 건 지갑이 아니라 시간이었다

그는 말했다.
그땐 배가 고팠노라고.
그땐 시대가 그랬노라고.
그땐 누구나 한 번쯤은 실수한다고.

하지만,
그날 밤,
지갑보다 먼저 쥔 건 주먹이었고
도망보다 먼저 울린 건 비명이었다.

누군가는 피를 흘렸고
누군가는 기억을 잃었고
그는 겨우 몇 해를 잃었을 뿐인데
지금은 민주화의 영웅이 되었다.

뺨을 때린 자가
얼굴을 기억하는 법을 배웠고
칼을 들었던 자가
지금은 법을 들이댄다.

상해는

상처로 끝나지 않는다.
그건 한 인간의 시간과 존엄을 깎는 죄다.
그 죄를 지은 자가
의정단상에서 '정의'를 외치고 있다.

에올로의 주석:

그는 사과 대신 훈장을 받았다.
그는 반성 대신 '운동가'라는 이름을 받았다.
그리고 피해자의 시간은
끝내 아무 데도 기록되지 않았다.
피해자는 아직도 트라우마에 밤잠을 설치고 있다.

나는 국민의 선택을 받았다

나는 국민의 선택을 받았다.
기표소는 성소였고
투표지는 면죄부였다.

과거를 묻지 않는 그 관대함.
죄를 보지 않는 그 눈부심.
나는 감동했다, 정말로.

내가 뭘 훔쳤는지,
누굴 때렸는지,
어떤 이름을 빌렸는지 따위는
이제 중요하지 않다.

국민은 알고도 나를 뽑았고
모르고도 나를 찬양했다.
나는 그 믿음을 저버릴 수 없기에
오늘도 떳떳이 거짓을 말한다.

선택받은 죄인은
더 이상 죄인이 아니다.
당신들이 그 죄를 정치로 바꿔줬기 때문이다.

나는 법을 어겼고
국민은 나를 국회에 앉혔다.
이것이야말로
가장 민주적인
면책특권이다.

이제 나는 웃는다.
나는 누가 뭐라 해도 말하리라.
"나는 국민의 선택을 받았다."

그리고 속으로만
한 번 더, 조용히
"참 고마운 나라야."

아빠, 나도 범죄 경력 쌓아서 나중에 국회의원 할래

아빠, 나 오늘 학교에서
정직하게 살라는 말 들었어.
근데 뉴스에서는
죄 지은 사람들이
계속 높은 자리에 올라가더라?

그 아저씨는 뇌물 받았대.
저 사람은 폭행했대.
그 언니는 선거 때 거짓말했대.
근데 다들 의원이래.
연임도 했다며!
대통령 후보도 나간대!

그래서 나도 생각했어.
지금은 좀 놀고
커서 좀 때리고
거짓말도 좀 해보고
경찰서에도 몇 번 가보고
그러다 한 서른쯤 되면
범죄 이력서 완성해서

국회로 들어가려고.

그게 요즘 출세의 길이지?
그게 진짜 '정치력' 아니냐?

나는 폭탄으로 민주주의를 말했다

사제 폭탄을 들었다.
화염병을 품었다.
손에는 사제 총,
입에는 '해방'.

대사관을 점령했고
인질을 묶었고
성조기를 태웠다.
그리고 말했다.
"우리는 정의다."

시간이 흐르고
그는 감옥에서 나왔다.
그를 기다린 건
단죄가 아니라
환호와 연단, 그리고 의원 배지였다.

그는 "그땐 시대가 그랬다."라고 말했고
"폭력은 저항이었다."라고 외쳤고
"우리는 민주화를 쟁취했다."라고
스스로를 영웅이라 불렀다.

그러나
불에 탄 건 건물만이 아니었다.
신뢰가 탔다.
진짜 저항의 피가 탔다.
그리고
법이 탄다, 지금도.

오늘, 그는
국회의 중심에 앉아
폭력 위에 세운 정의를
국가의 미래로 가르친다.

나는 묻는다.
누가 그에게 정의를 위임했는가.
누가 그의 손에서 불을 빼앗지 않았는가.
누가 그 불꽃을 민주화라 불렀는가.

당신들이 날 국회로 보냈잖아요

나는 말하지.
그날의 불길을
그날의 인질을
그날의 총성과 화염을
그건 기록 속에 있으니
굳이 내가 꺼낼 필요는 없겠지.

나는 말하지.
나를 가둔 법도
나를 석방한 판결도
내 가슴에 남은 사명도
그건 시간이 씻어냈으니
굳이 내가 씻을 필요는 없겠지.

나는 오직
말한다.
"국민이 날 뽑았잖아요."
"그 이상 무슨 해명이 필요합니까?"

당신들이
기표소에서

기억보다 감정을 선택했고
사실보다 인상을 뽑았고
과거보다 구호를 믿었으니
내 과거는 이제 국민의 선택이자 책임이지요.

묻지 마세요,
내가 누구였는지.
묻지 마세요,
왜 총을 들었는지.
묻지 마세요,
불을 지르고, 인질을 삼은 이유를.

그날 내가 저지른 건
이미 당신들이 지운 겁니다.
그 표 한 장으로, 그 한 표로.

그래도 우리 사람이니까요

맞아요.
그가 그랬대요.
불도 질렀고
사람도 다치게 했고
법도 어기고
총도 들었대요.

근데요,
그래도 우리 사람이에요.

어릴 적부터 동네 뒷골목 잘 알던 사람.
명절이면 어르신들 인사 다니던 사람.
결혼식장마다 얼굴 보이던 사람.
시장에 오면 허리 굽혀 인사하던 사람.

그 죄들이요?
다 옛날 일이래요
그땐 다 그랬다잖아요.
그리고 지금은
우리 지역 살림 열심히 챙기잖아요.

사람이 변할 수도 있는 거고
좀 거칠었지만
그 열정이 지금은 '경험'이 된 거잖아요.

게다가,
딴 후보는
누군지도 잘 모르겠더라고요.
낯설고, 말만 번지르르하고
우리랑 안 친하잖아요.

우린 믿는 사람이 좋아요.
일 잘하는 사람이면 됐지, 뭐.
그깟 전과쯤, 다들 하나쯤은 있잖아요?

익숙함은 때때로 망각을 부르고,
망각은 곧 면죄가 된다.
그렇게 범죄는 '정'이라는 이름으로 살아남는다.

5·18은 말한다

5월의 피는 말하지 않는다.
소리 대신,
거리마다 적신 침묵으로 말했다.

5월의 죽음은 선동하지 않는다.
구호보다 먼저
어머니의 눈물로 증언했다.

누구도
그들의 희생 위에 올라서선 안 되며
누구도
그 이름을 방패 삼아 죄를 감춰선 안 된다.

5·18은 말한다.

나는
분노가 아닌 존엄이었다.

나는
폭력이 아닌 간절함이었다.

나는
정권이 아닌 사람을 지키려다 쓰러진 외침이었다.

이제 와서
그 이름을 들먹이며
권력을 얻는 자여.
그대의 손에 남은 불씨는
내 불꽃이 아니다.

내 불꽃은
어느 여고생의 흰 교복에 떨어졌고
어느 아버지의 마지막 눈에 고였으며
어느 이름 모를 자의 피가 되어
민주주의의 뿌리가 되었다.

5·18은 말한다.
나를 계승하려거든
먼저 정직하라.
나를 말하려거든
먼저 침묵하라.
나를 기념하려거든
먼저 너의 탐욕을 내려놓아라.

나는 5·18을 입었다

나는 5·18을 입었다.
총소리도 모르고
피 냄새도 맡아본 적 없지만
그 이름은
참 잘 어울리더군.

유세 때마다
묵념하는 척 고개를 숙이고
굳은 목소리로
민주주의를 외쳤다.

누군가는 물었지.
"그날, 당신은 어디 있었느냐?"라고.
나는 대답하지 않았다.
대신
"지금 내가 지키고 있다."라고 말했다.

정말 나는 지켜내고 있다.
내 자리, 내 표, 내 기득권을 말이다.

5·18은

무기가 아니라
기억이어야 했지만
나는 그것을 깃발로 흔들었고
방패로 들었으며
교과서의 문장으로 팔았다.

사람들은 잊는다.
기억은 피를 흘려야 생기는 줄 알고
그 피가
지금도 흘러야 하는 줄은 잊는다.

나는 5·18을 입었다.
그것은 내게 영광의 휘장이었고
타인의 고통은
내 연설의 소품이었다.

오늘도 나는
그 이름을 꺼낸다.
그리고 아무것도 바꾸지 않는다.

숨겨진 이름들

그들은 나라를 지켰다.
총이 아닌
몸으로.
거짓이 아닌
진실로.

그날 그 거리에 있었던 사람들.
피를 흘리고,
말을 잃고,
살아남았다는 이유로
다시는 잠들지 못한 사람들.

우리는 그들을
'유공자'라 불렀다.
그리고
그들의 이름을 지웠다.

묻지 마라,
누가 그날 쓰러졌는지.
묻지 마라,
누가 살아 돌아왔는지.

묻지 마라,
왜 그 이름들은 명단이 되지 못하고
숨어 있어야 하는지를.

말하면 공격받는다.
기록하면 왜곡당한다.
존재하면 조롱받는다.

그래서 우리는
이름을 숨긴다.
숨겨야
살 수 있으니까.

그런데,
그 이름을 왜곡하는 자들은
자신의 이름을 드러내고 있다.
그 이름을 팔아
의자에 앉은 자들은
과거의 피를, 오늘의 권력으로 바꿨다.

숨겨진 것은 이름이 아니다.
우리의 부끄러움이다.
기억을 보호하지 못한 공포,
기억을 이용한 탐욕,

기억 앞에서 침묵한 타협.

그들이 숨은 것이 아니라,
우리가 그들을 숨긴 것이다.

누가 하느냐의 정치

– FTA, 매국에서 성과까지 180도 회전하는 마법 –

어제의 나는 외쳤다.
“한미 FTA는 매국이다!
이 땅을, 이 산업을, 미국에 팔아넘기는 일이다!”
머리띠를 매고,
국회에서 책상을 뒤집고,
길바닥에서 피켓을 들었다.

오늘의 나는 말했다.
“한미 FTA 개정은 위대한 성과다!
관세 15% 부활과 3,500만 달러 투자 유치는
국익 수호의 승리다!”
환하게 웃고,
국회에서 박수를 치고,
기자회견장에 섰다.

내용은 비슷했으나
주체가 달랐다.
그때는 ‘그들’이 했고
지금은 ‘내’가 했다.

어제의 나에게
오늘의 나를 보여주면
아마 이렇게 말할 것이다.
“매국노.”

오늘의 나는
어제의 나를 보며
이렇게 말할 것이다.
“시대착오.”

국민은 묻는다.
“그럼 뭐가 맞는 건가요?”
정치는 답한다.
“맞고 틀림은 중요치 않소.
누가 했느냐가 중요하오.”

그래서
어제의 매국은 오늘의 성과가 되고
오늘의 성과는 내일의 매국이 된다.

정책은 종이에 쓰이지만
정치인의 입속에서는
색깔이 바뀌는 카멜레온이 된다.

조용함의 미덕

– 보수당의 침묵에 부쳐 –

그들은 조용했다.
정책이 뒤집혀도
원칙이 흔들려도
과거의 신념이 뒤집혀도.

그들은 말했다.
"우리는 보수다."
그래서
입을 닫았다.
손을 묶었다.
눈을 감았다.

과거의 그들은
거리로 나가 피켓을 들고
국회에서 고함을 질렀다.
"국익을 지켜라!"
"원칙을 무너뜨리지 마라!"

오늘의 그들은
회의실에서 커피를 마시며

속삭인다.
“그건 우리 할 일이 아니다.”
“조용히 있으면 언론에 안 나온다.”
“정치는 타이밍이다.”

국민은 묻는다.
“말이 없어야 보수인가?
행동하지 않아야 보수인가?”

그들은 대답하지 않는다.
대답조차
너무 정치적이기 때문이다.

그래서 남는 건
정책의 공백과
국민의 피로,
그리고 보수의 침묵뿐이다.

국민의 자리는 어디인가

매국의 입과
침묵의 입 사이에서
국민은 의자 없이 서 있었다.

국민의 자리는
회의실에도 없었고
기자회견장에도 없었고
협상 테이블에도 없었다.

대신 국민은
거리의 모니터 속에서 보였다.
여론조사 그래프의 막대가 되었고
득표율 계산기의 숫자가 되었다.
선거판의 소품이 되었다.

매국의 입은 말했다.
“당신은 우리 편이니까 안전하다.”
침묵의 입은 말했다.
“당신이 알아서 버텨라.”

국민은 묻는다.

"정치는 누구를 위해 있는가?"
정치는 대답하지 않는다.
대답은 다음 선거 날까지 미룬다.

그래서
국민의 자리는
투표소 안 10초짜리 칸막이뿐이다.
그리고 투표함이 닫히는 순간,
국민은 다시 사라진다.

죽음의 고기, 생명의 고기

어제,
그 고기는 죽음이었다.
30개월을 넘긴 미국 소는
뇌에 독을 품고 있다고 했다.
먹으면 광우병이 오고
광우병은 인간의 목숨을 앗아간다고 했다.
광장에 촛불이 켜지고
방송은 울분을 토했고
어떤 이는 말했다.
"그 고기를 먹느니 청산가리를 삼키겠다."

오늘,
그 고기는 생명이다.
30개월을 넘긴 미국 소는
풍미가 깊고, 맛이 진하다고 했다.
먹어도 아무 일 없고
오히려 선택권이 넓어졌다고 했다.
광장은 조용했고
방송은 광고를 틀었고
청산가리 발언의 주인공은
아직 살아있다.

같은 소, 같은 나이
변한 것은 고기가 아니라
집권자의 얼굴이었다.

그날의 촛불은 어디로 갔는가

그날,
광장은 바다였다.
수만 개의 촛불이 파도처럼 출렁이며
하나의 이름을 향해
분노와 두려움을 외쳤다.

"죽음의 고기를 거부하라!"
"국민의 건강을 지켜라!"
그 불빛은 정의였고
그 함성은 진실이었다.

오늘,
광장은 비어 있다
같은 고기가 들어와도
같은 나이의 소가 수입돼도
불빛은 켜지지 않았다.

그날의 촛불은 어디로 갔는가.
집안 서랍 속에서 먼지를 맞고 있는가.
당시의 구호는
정권 교체와 함께

기억의 뒷방으로 밀려난 것인가.

혹은
그 촛불은 애초에
고기를 위한 것이 아니라
권력을 향한 불씨였던가.

그래서 오늘
광장은 조용하고
고기는 식탁에 오르며
촛불은 정치인의 손안에서만 빛난다.